Dr. Oetker

MARMELADE
VON A–Z

Marmeladen, Konfitüren und Gelees

Dr. Oetker

MARMELADE
VON A–Z

Marmeladen, Konfitüren und Gelees

Dr. Oetker Verlag

Abkürzungen und Hinweise

Abkürzungen

EL	=	Esslöffel
TL	=	Teelöffel
Msp.	=	Messerspitze
Pck.	=	Packung/Päckchen
g	=	Gramm
kg	=	Kilogramm
ml	=	Milliliter
l	=	Liter
evtl.	=	eventuell
Fl.	=	Fläschchen
geh.	=	gehäuft
gestr.	=	gestrichen
TK	=	Tiefkühlprodukt
°C	=	Grad Celsius

Kalorien-/Nährwertangaben

E	=	Eiweiß
F	=	Fett
Kh	=	Kohlenhydrate
kJ	=	Kilojoule
kcal	=	Kilokalorien
BE	=	Broteinheit

Bei den Nährwertangaben in den Rezepten handelt es sich um auf- bzw. abgerundete ganze Werte. Lediglich die Broteinheiten werden in 0,5er-Schritten mit einer Stelle nach dem Komma angegeben. Aufgrund von ständigen Rohstoffschwankungen und/oder Rezepturveränderungen bei Lebensmitteln, kann es zu Abweichungen kommen. Die Nährwertangaben dienen daher lediglich Ihrer Orientierung und eignen sich nur bedingt für die Berechnung eines Diätplans, zum Beispiel bei Krankheiten wie Diabetes. Bei krankheitsbedingten Diäten richten Sie sich daher bitte nach den Anweisungen Ihres Diätassistenten bzw. Ihres Arztes.

Hinweise zu den Rezepten

Lesen Sie vor der Zubereitung – besser noch vor dem Einkauf – das Rezept einmal vollständig durch. Oft werden Arbeitsabläufe oder -zusammenhänge dann klarer. In jedem Rezept ist die Anzahl der Gläser angegeben.

Zutatenliste

Die Zutaten sind in der Reihenfolge ihrer Bearbeitung angegeben.

Arbeitsschritte

Die Arbeitsschritte sind einzeln hervorgehoben, in der Reihenfolge, in der sie von uns ausprobiert wurden.

Zubereitungszeiten

Die Zubereitungszeit ist ein Anhaltswert für die Zeit der Vorbereitung und die eigentliche Zubereitung. Längere Wartezeiten, z. B. Kühl- und Auftauzeiten, sind nicht mit einbezogen.

Vorwort

Konfitüre, Marmelade und Gelee – mehr als Aufstrich fürs Frühstücksbrötchen.

Für die Süßschnäbel unter den Frühstückern kommen hier mehr als 130 verführerische Rezepte für einen fruchtigen Start in den Tag. Neben den Klassikern finden Sie hier Neues in ungewohnter Fülle.

Wir helfen Ihrer Fantasie auf die Sprünge mit heißen Kombinationen wie Erdbeer-Chili und Sauerkirsch-Grüner-Pfeffer oder duftigen wie Gelbe-Pflaumen-Lavendel und Weintrauben-Duftrosen.

Danach werden sich Familie und Freunde die Finger lecken. Lassen Sie liebe Menschen an Ihren Kreationen teilhaben und entdecken Sie neue Verwendungsmöglichkeiten für Konfitüren, Marmeladen und Gelee.

Wie wäre es etwa mit Kräutergelee zur Käseplatte, Preiselbeerkonfitüre mit Portwein zum Rotkohl, Cranberrygelee mit Orangensaft zum Wildbraten, Kürbis-Orangen-Konfitüre zu gegrilltem Schwein oder Pute, Physalis-Konfitüre in die Quarkspeise und Feigen-Weintrauben-Konfitüre zum Fondue.

Ganz abgesehen davon, dass Sie mit Konfitüren, Marmeladen und Gelees auch backen können. Es schmeckt herrlich. Werden Biskuitböden mit Konfitüre oder Gelee bestrichen, werden die Böden durch das Obst nicht so weich. Oder setzen Sie Plätzchen mit Gelee zusammen oder überglänzen sie und sparen Sie sich den Tortenguss, wenn Sie Obstkuchen mit erwärmtem Gelee überziehen.

Viel Spaß beim Ausprobieren und Genießen!

Ananas-Apfel-Konfitüre mit Sauerkrautsaft

Raffiniert

etwa 5 Gläser je 200 ml

Insgesamt: E: 4 g, F: 2 g, Kh: 617 g, kJ: 10691, kcal: 2555, BE: 51,5

500 g	*frische Ananasscheiben (aus dem Kühlregal, vorbereitet gewogen)*
300 g	*Äpfel, z. B. Jonagold (2–3 Äpfel, vorbereitet gewogen)*
200 ml	*Sauerkrautsaft, naturtrüb*
500 g	*Zucker*
1 Beutel	*Gelfix Extra 2:1 (25 g)*
1 Pck.	*Zitronensäure (5 g)*

Zubereitungszeit: 35 Minuten
Haltbarkeit: kühl und dunkel gestellt 3–4 Monate

1. Ananasscheiben in kleine Stücke schneiden, den Saft dabei auffangen und insgesamt 500 g abwiegen. Äpfel schälen, vierteln, entkernen, in kleine Stücke schneiden und 300 g abwiegen.

2. Ananas- und Apfelstücke mit dem Sauerkrautsaft in einen großen Kochtopf geben.

3. Abgewogene Zuckermenge mit Gelfix Extra und Zitronensäure mischen, zu der Fruchtmasse in den Topf geben und gut unterrühren.

4. Die Zutaten unter Rühren bei starker Hitze zum Kochen bringen und unter ständigem Rühren mindestens 3 Minuten sprudelnd kochen lassen. Topf von der Kochstelle nehmen.

5. Das Kochgut evtl. abschäumen und sofort randvoll in vorbereitete Gläser füllen.

6. Gläser mit Twist-off-Deckeln® verschließen, umdrehen, etwa 5 Minuten auf den Deckeln stehen lassen.

Tipp: Die Konfitüre statt süßem Senf zum Weißwurst-Essen reichen.

Ananasgelee

Für Kinder

etwa 4 Gläser je 200 ml

Insgesamt: E: 3 g, F: 1 g, Kh: 510 g, kJ: 8814, kcal: 2104, BE: 41,0

750 ml (3/4 l)	*Ananassaft (von etwa 3 großen Ananas)*
400 g	*Zucker*
1 Beutel	*Gelfix Extra 2:1 (25 g)*

Zubereitungszeit: 35 Minuten, ohne Entsaftungszeit
Haltbarkeit: kühl und dunkel gestellt etwa 1 Jahr

1. Von den Ananas jeweils das Blatt- und Strunkende entfernen. Dann die schuppige Schale möglichst dick abschneiden, damit die „Augen" mitentfernt werden. Die Ananas jeweils vierteln und den mittleren harten Strunk herausschneiden. Die Ananasviertel in grobe Stücke schneiden, mithilfe eines Schnellkochtopfes oder Dampfentsafteres entsaften (Gebrauchsanleitung des Geräteherstellers beachten) und 750 ml (3/4 l) abmessen.

2. Ananassaft in einen großen Kochtopf geben. Die abgewogene Zuckermenge mit Gelfix Extra mischen und dann mit dem Ananassaft gut verrühren.

3. Die Zutaten unter Rühren bei starker Hitze zum Kochen bringen und unter ständigem Rühren mindestens 3 Minuten sprudelnd kochen lassen. Den Topf von der Kochstelle nehmen.

4. Kochgut evtl. abschäumen und sofort randvoll in vorbereitete Gläser füllen.

5. Gläser mit Twist-off-Deckeln® verschließen, umdrehen und etwa 5 Minuten auf den Deckeln stehen lassen.

Tipps: Statt Ananas selbst zu entsaften, können Sie auch ungesüßten Ananassaft (Handelsware) für das Ananasgelee verwenden.

Variante: **Ananas-Batida-Gelee.** Nur für Erwachsene geben Sie nach dem Kochen 50 ml Batida de Côco (Kokoslikör) hinzu und rühren alles anschließend sehr gut durch.

Ananaskonfitüre

Süßer Genuss

etwa 5 Gläser je 200 ml

Insgesamt: E: 5 g, F: 2 g, Kh: 613 g, kJ: 10697, kcal: 2527, BE: 51,0

900 g Ananas-Fruchtfleisch (aus dem Kühlregal)
100 ml frisch gepresster Orangensaft (von etwa 2 Orangen)
500 g Extra Gelierzucker 2:1

Zubereitungszeit: 30 Minuten
Haltbarkeit: kühl und dunkel gestellt 3–4 Monate

1. Die Hälfte von dem Ananas-Fruchtfleisch in große Stücke schneiden und mit einem Stabmixer pürieren. Restliches Ananas-Fruchtfleisch in sehr kleine Stücke schneiden.

2. Ananaspüree und -stücke in einem großen Kochtopf mit Orangensaft und Extra Gelierzucker gut verrühren. Die Zutaten unter Rühren bei starker Hitze zum Kochen bringen und mindestens 3 Minuten unter ständigem Rühren sprudelnd kochen lassen. Den Topf von der Kochstelle nehmen.

3. Das Kochgut evtl. abschäumen und sofort randvoll in vorbereitete Gläser füllen. Die Gläser mit Twist-off-Deckeln® verschließen, umdrehen und etwa 5 Minuten auf den Deckeln stehen lassen.

Tipps: Das ganze Ananas-Fruchtfleisch mit einem Stabmixer pürieren. Statt Ananas-Fruchtfleisch aus dem Kühlregal 2 frische, reife Ananas (je 700 g) verwenden. Dafür jeweils von der Ananas Blatt- und Strunkende entfernen. Ananas längs halbieren und den holzigen Mittelstrunk herausschneiden. Von dem Ananas-Fruchtfleisch 900 g abwiegen. 4 Esslöffel Amaretto unter die fertig gekochte Konfitüre rühren.

Ananas-Limetten-Konfitüre

Raffiniert

etwa 5 Gläser je 200 ml

Insgesamt: E: 3 g, F: 4 g, Kh: 408 g, kJ: 7343, kcal: 1730, BE: 34,0

2–3	*Bio-Limetten (unbehandelt, ungewachst)*
400 ml	*Wasser*
1	*Ananas (oder 500 g Ananas-Fruchtfleisch)*
350 g	*Diät Gelier-Fruchtzucker 3 : 1*

Zubereitungszeit: 50 Minuten
Haltbarkeit: kühl und dunkel gestellt etwa 1 Jahr

1. Limetten heiß abwaschen, abtrocknen, vierteln, in feine Scheiben schneiden und in einen Topf geben.

2. Die Limettenscheiben mit Wasser bedeckt zum Kochen bringen. Limettenscheiben ohne Deckel etwa 20 Minuten bei schwacher Hitze einkochen lassen.

3. Limettenscheiben in ein Sieb geben und abtropfen lassen, dabei die Limettenflüssigkeit auffangen.

4. Von der Ananas Blatt- und Strunkende abschneiden. Ananas vierteln und den mittleren, harten Strunk längs herausschneiden. Die Ananas schälen und das Fruchtfleisch klein schneiden. Ananasschalen etwas auspressen oder ausdrücken, dabei den Saft auffangen. Ananasstücke, -saft und Limettenscheiben vermischen.

5. Dann die aufgefangene Limettenflüssigkeit zu der Ananas-Limetten-Fruchtmasse geben und zusammen etwa 1 kg abwiegen. Evtl. mit Wasser auffüllen.

6. Die Fruchtmasse mit Diät Gelier-Fruchtzucker in einem großen Kochtopf gut verrühren. Alles unter Rühren bei starker Hitze zum Kochen bringen und unter ständigem Rühren mindestens 3 Minuten sprudelnd kochen lassen. Den Topf von der Kochstelle nehmen.

7. Das Kochgut evtl. abschäumen und sofort randvoll in vorbereitete Gläser füllen. Die Gläser mit Twist-off-Deckeln® verschließen, umdrehen und etwa 5 Minuten auf den Deckeln stehen lassen.

Tipps: Frische Ananas gibt es oft geschält im Supermarkt (Kühlregal) zu kaufen. 1 mittelgroße Ananas bringt etwa 500 g Fruchtfleisch auf die Waage.

Apfel-Aprikosen-Zucchini-Konfitüre

Etwas Besonderes
etwa 5 Gläser je 200 ml

Insgesamt: E: 9 g, F: 1 g, Kh: 613 g, kJ: 10616, kcal: 2540, BE: 50,5

400 g	*Äpfel, z. B. Boskop oder Cox Orange (vorbereitet gewogen)*
400 g	*Aprikosen (Marillen, vorbereitet gewogen)*
200 g	*grüne Zucchini (vorbereitet gewogen, etwa 1 Zucchini)*
3 EL	*Zitronensaft*
500 g	*Zucker*
1 Beutel	*Gelfix Extra 2 : 1 (25 g)*

Zubereitungszeit: 40 Minuten
Haltbarkeit: kühl und dunkel gestellt 3–4 Monate

1. Äpfel schälen, vierteln, entkernen, in kleine Stücke schneiden und 400 g abwiegen. Aprikosen abspülen, gut abtropfen lassen, halbieren, entsteinen, in kleine Stücke schneiden und 400 g abwiegen.

2. Die Zucchini abspülen, abtrocknen und die Enden abschneiden. Zucchini auf einer Haushaltsreibe grob raspeln und 200 g abwiegen.

3. Apfel- und Aprikosenstücke in einen großen Topf geben und mit einem Stabmixer etwas zerkleinern. Zucchiniraspel und Zitronensaft gut unterrühren.

4. Die abgewogene Zuckermenge mit Gelfix Extra mischen, zu der Frucht-Zucchini-Masse in den Topf geben und gut verrühren.

5. Die Zutaten unter Rühren bei starker Hitze zum Kochen bringen und mindestens 3 Minuten unter ständigem Rühren sprudelnd kochen lassen. Den Topf von der Kochstelle nehmen.

6. Das Kochgut evtl. abschäumen und sofort randvoll in vorbereitete Gläser füllen. Die Gläser mit Twist-off-Deckeln® verschließen, umdrehen und etwa 5 Minuten auf den Deckeln stehen lassen.

Tipps: 50 ml Likör, z. B. Apfellikör, unter die fertig gekochte Konfitüre rühren. Statt der grünen Zucchini eine gelbe Frucht verwenden.

Apfelgelee

Klassisch

etwa 4 Gläser je 200 ml

Insgesamt: E: 0 g, F: 0 g, Kh: 473 g, kJ: 8079, kcal: 1931, BE: 39,5

1 1/2 kg	*Äpfel (vorbereitet gewogen)*
400 ml	*Wasser*
400 g	*Zucker*
1 Beutel	*Gelfix Extra 2 : 1 (25 g)*
1 Pck.	*Zitronensäure (5 g)*

Außerdem:

1	*Geschirrtuch (Mulltuch)*

Zubereitungszeit: 45 Minuten, ohne Abtropfzeit
Haltbarkeit: kühl und dunkel gestellt 3–4 Monate

1. Die Äpfel abspülen, abtropfen lassen, die Stiele und Blütenansätze entfernen. Die Äpfel in Stücke schneiden und 1 1/2 kg abwiegen. Die Apfelstücke mit dem Wasser in einem Topf zum Kochen bringen und etwa 10 Minuten bei mittlerer Hitze kochen lassen.

2. Ein großes Küchensieb mit einem feuchten Geschirrtuch (Mulltuch) auslegen und über eine Schüssel hängen. Apfelmasse hineingeben und abtropfen lassen, dabei den Saft auffangen.

3. Anschließend die Apfelmasse mithilfe des Geschirrtuches ausdrücken und ebenfalls den Saft auffangen. Von dem aufgefangenen Saft 750 ml (3/4 l) abmessen und in einen großen Kochtopf geben.

4. Zucker mit Gelfix Extra und Zitronensäure mischen und mit dem Apfelsaft gut verrühren. Den Saft unter Rühren bei starker Hitze zum Kochen bringen und unter ständigem Rühren mindestens 3 Minuten sprudelnd kochen lassen.

5. Das Kochgut evtl. abschäumen und sofort randvoll in vorbereitete Gläser füllen. Die Gläser mit Twist-off-Deckeln® verschließen, umdrehen und etwa 5 Minuten auf den Deckeln stehen lassen.

Tipp: 1–2 Stangen Zimt und 3–4 Gewürznelken oder 2 Teelöffel Koriandersamen mitkochen lassen. Danach die Gewürze aus dem Fruchtbrei entfernen.

Apfelgelee mit Rosmarin

Raffiniert

etwa 4 Gläser je 200 ml

Insgesamt: E: 1 g, F: 0 g, Kh: 593 g, kJ: 10232, kcal: 2416, BE: 49,5

900 ml	*klarer Apfelsaft (von etwa 1,6 kg Äpfeln)*
2–3 EL	*frische, klein gehackte Rosmarinnadeln*
500 g	*Extra Gelierzucker 2:1*

Zubereitungszeit: 45 Minuten, ohne Entsaftungs- und Abkühlzeit
Haltbarkeit: kühl und dunkel gestellt 3–4 Monate

1. Äpfel abspülen, abtropfen lassen, vierteln und mithilfe eines Schnellkochtopfes oder Dampfentsafters entsaften (bitte Gebrauchsanleitung des Geräteherstellers beachten). Den Saft evtl. filtern, abkühlen lassen und 900 ml Saft abmessen.

2. Den Apfelsaft mit Rosmarin und Extra Gelierzucker in einem großen Kochtopf gut verrühren.

3. Alles unter Rühren bei starker Hitze zum Kochen bringen und unter ständigem Rühren mindestens 3 Minuten sprudelnd kochen lassen. Den Topf von der Kochstelle nehmen.

4. Das Kochgut evtl. abschäumen und sofort randvoll in vorbereitete Gläser füllen. Die Gläser mit Twist-off-Deckeln® verschließen, umdrehen und etwa 5 Minuten auf den Deckeln stehen lassen.

Tipp: Einfacher und schneller geht es, wenn Sie 900 ml gekauften Apfelsaft verwenden.

Apfel-Kürbis-Konfitüre

Aromatisch
etwa 5 Gläser je 200 ml

Insgesamt: E: 6 g, F: 1 g, Kh: 603 g, kJ: 10468, kcal: 2473, BE: 50,5

400 g Kürbis (vorbereitet gewogen)
300 ml klarer Apfelsaft (Handelsware)
400 g Äpfel (vorbereitet gewogen)
500 g Extra Gelierzucker 2 : 1
½ gestr. TL gemahlener Zimt

Zubereitungszeit: 50 Minuten
Haltbarkeit: kühl und dunkel gestellt 3–4 Monate

1. Kürbis halbieren, schälen und die Kerne entfernen. Kürbishälften zuerst in Spalten, dann in kleine Stücke schneiden und 400 g abwiegen.

2. Die Kürbisstücke mit dem Apfelsaft in einen großen Kochtopf geben, zum Kochen bringen und 6–8 Minuten bei schwacher Hitze kochen lassen. Den Topf von der Kochstelle nehmen. Die Kürbismasse mit einem Stabmixer pürieren.

3. Die Äpfel schälen, vierteln, entkernen und in kleine Stücke schneiden. Die Apfelstücke ebenfalls mit einem Stabmixer pürieren und zu dem Kürbispüree in den Topf geben. Gelierzucker und Zimt hinzugeben und gut verrühren.

4. Die Zutaten unter Rühren bei starker Hitze zum Kochen bringen und unter ständigem Rühren mindestens 3 Minuten sprudelnd kochen lassen. Den Topf von der Kochstelle nehmen.

5. Das Kochgut evtl. abschäumen und sofort randvoll in vorbereitete Gläser füllen. Die Gläser mit Twist-off-Deckeln® verschließen, umdrehen und etwa 5 Minuten auf den Deckeln stehen lassen.

Tipp: Statt 300 ml Apfelsaft nur 100 ml Apfelsaft zum Kochen der Kürbisstücke und 200 ml Sekt zum Weiterkochen nehmen.

Apfel-Limetten-Gelee

Einfach

etwa 6 Gläser je 200 ml

Insgesamt: E: 2 g, F: 5 g, Kh: 1082 g, kJ: 18657, kcal: 4463, BE: 90,0

200 g	*Limettenfilets und -saft (von etwa 6 Limetten, davon 1 Bio-Limette [unbehandelt, ungewachst])*
650 ml	*klarer Apfelsaft (Handelsware)*
1 Beutel	*Gelfix Classic 1 : 1 (20 g)*
1 kg	*Zucker*

Zubereitungszeit: 60 Minuten
Haltbarkeit: kühl und dunkel gestellt etwa 1 Jahr

1. Die Bio-Limette heiß abwaschen, trocken reiben und die Schale mit einem scharfen Messer dünn abschälen oder mit einem Zestenreißer Streifen abziehen. Limettenschale in sehr feine Streifen schneiden.

2. Alle Limetten so schälen, dass die weiße Haut vollständig entfernt wird. Fruchtfilets herausschneiden, dabei den Saft auffangen und insgesamt 200 g Limettenfilets und -saft abwiegen.

3. Limettenfilets, -saft und Apfelsaft in einen großen Kochtopf geben. Gelfix Classic zuerst mit 2 Esslöffeln der abgewogenen Zuckermenge mischen, dann mit der Fruchtmasse gut verrühren.

4. Die Zutaten unter Rühren bei starker Hitze zum Kochen bringen. Sobald alles bei ständigem Rühren sprudelnd kocht, restlichen Zucker hinzufügen.

5. Alles unter Rühren wieder zum Kochen bringen und unter ständigem Rühren mindestens 2 Minuten sprudelnd kochen lassen. Limettenschalenstreifen hinzufügen und noch 1 Minute unter ständigem Rühren sprudelnd mitkochen lassen. Den Topf von der Kochstelle nehmen.

6. Das Kochgut evtl. abschäumen und sofort randvoll in vorbereitete Gläser füllen. Die Gläser mit Twist-off-Deckeln® verschließen, umdrehen und etwa 5 Minuten auf den Deckeln stehen lassen. Gläser während des Erkaltens gelegentlich umdrehen, damit sich die Limettenschalenstreifen besser verteilen.

Tipp: Wünschen Sie eine stärkere Festigkeit, rühren Sie 1 Päckchen Zitronensäure (5 g) unter das heiße Gelee und machen noch eine zweite Gelierprobe, ehe Sie das Gelee einfüllen.

Apfel-Orangen-Konfitüre

Süßer Genuss

etwa 5 Gläser je 200 ml

Insgesamt: E: 6 g, F: 1 g, Kh: 612 g, kJ: 10704, kcal: 2528, BE: 51,0

600 g	*Äpfel, z. B. Boskop oder Cox Orange (vorbereitet gewogen, von etwa 5 großen Äpfeln)*
400 g	*Orangenfilets mit -saft (vorbereitet gewogen, von 4–5 Orangen)*
3 EL	*Zitronensaft*
500 g	*Extra Gelierzucker 2 : 1*

Zubereitungszeit: 40 Minuten
Haltbarkeit: kühl und dunkel gestellt 3–4 Monate

1. Äpfel schälen, vierteln, entkernen, in kleine Stücke schneiden und 600 g abwiegen. Orangen so schälen, dass die weiße Haut vollständig entfernt wird. Orangen filetieren, dabei den Saft auffangen. Orangenfilets in Stücke schneiden und mit dem aufgefangenen Saft 400 g abwiegen.

2. Vorbereitete Fruchtstücke mit dem aufgefangenen Orangen- und Zitronensaft in einen großen Kochtopf geben und mit Extra Gelierzucker gut verrühren. Die Zutaten unter Rühren bei starker Hitze zum Kochen bringen und unter ständigem Rühren mindestens 3 Minuten sprudelnd kochen lassen. Den Topf von der Kochstelle nehmen.

3. Das Kochgut evtl. abschäumen und sofort randvoll in vorbereitete Gläser füllen. Die Gläser mit Twist-off-Deckeln® verschließen, umdrehen und etwa 5 Minuten auf den Deckeln stehen lassen.

Aprikosenkonfitüre mit Zimt und Korinthen

Würzig – etwas Besonderes

etwa 6 Gläser je 200 ml

Insgesamt: E: 10 g, F: 2 g, Kh: 493 g, kJ: 8762, kcal: 2098, BE: 41,0

900 g	*Aprikosen (vorbereitet gewogen)*
70 g	*Korinthen*
1 Pck.	*Zitronensäure (5 g)*
2 Stangen	*Zimt*
350 g	*Zucker*
1 Beutel	*Gelfix Super 3 : 1 (25 g)*

Zubereitungszeit: 40 Minuten
Haltbarkeit: kühl und dunkel gestellt 3–4 Monate

1. Aprikosen abspülen, abtropfen lassen und die Haut an der Unterseite kreuzweise einschneiden. Aprikosen kurz in kochendes Wasser legen, herausnehmen, mit kaltem Wasser abschrecken und die Haut abziehen. Aprikosen halbieren und entsteinen. 900 g Fruchtfleisch abwiegen und in etwa 1 cm große Würfel schneiden. Mit Korinthen, Zitronensäure und Zimtstangen in einem großen Topf mischen.

2. Abgewogene Zuckermenge mit Gelfix Super mischen und mit der Fruchtmasse gut verrühren. Die Zutaten unter Rühren bei starker Hitze zum Kochen bringen und unter ständigem Rühren mindestens 3 Minuten sprudelnd kochen lassen. Den Topf von der Kochstelle nehmen.

3. Das Kochgut evtl. abschäumen, die Zimtstangen entfernen. Das Kochgut sofort randvoll in vorbereitete Gläser füllen. Gläser mit Twist-off-Deckeln® verschließen, umdrehen und etwa 5 Minuten auf den Deckeln stehen lassen.

Tipp: Die Konfitüre schmeckt gut zu Joghurt, Müsli oder mit etwas Schmand (Sauerrahm) oder Crème double verrührt auf Zwieback, süßen Brötchen oder Hefemuffins.

Aprikosen-Nektarinen-Konfitüre

Klassisch

etwa 5 Gläser je 200 ml

Insgesamt: E: 9 g, F: 1 g, Kh: 589 g, kJ: 10355, kcal: 2449, BE: 49,0

700 g Aprikosen (vorbereitet gewogen)
300 g Nektarinen (vorbereitet gewogen)
500 g Extra Gelierzucker 2 : 1

Zubereitungszeit: 35 Minuten
Haltbarkeit: kühl und dunkel gestellt etwa 1 Jahr

1. Das Aprikosen und Nektarinen abspülen, abtropfen lassen, halbieren und entsteinen. Aprikosen und Nektarinen in kleine Stücke schneiden. Von den Aprikosenstücken 700 g und von den Nektarinen 300 g abwiegen.

2. Die vorbereiteten Fruchtstücke in einem großen Kochtopf mit Extra Gelierzucker gut verrühren. Die Zutaten unter Rühren bei starker Hitze zum Kochen bringen und unter ständigem Rühren mindestens 3 Minuten sprudelnd kochen lassen. Den Topf von der Kochstelle nehmen.

3. Das Kochgut evtl. abschäumen und sofort randvoll in vorbereitete Gläser füllen. Die Gläser mit Twist-off-Deckeln® verschließen, umdrehen und etwa 5 Minuten auf den Deckeln stehen lassen.

Tipp: Statt Nektarinen 300 g abgespülte, abgetropfte, halbierte, entsteinte und in Stücke geschnittene Mirabellen verwenden.

Bananen-Grapefruit-Konfitüre

Für Kinder

etwa 5 Gläser je 200 ml

Insgesamt: E: 9 g, F: 1 g, Kh: 637 g, kJ: 11278, kcal: 2668, BE: 53,5

200 ml	*Pink-Grapefruitsaft (von etwa 1 Grapefruit)*
100 ml	*Limettensaft (von etwa 5 Limetten)*
100 ml	*Wasser*
600 g	*Bananen-Fruchtfleisch (5–6 Bananen)*
500 g	*Extra Gelierzucker 2:1*

Zubereitungszeit: 40 Minuten
Haltbarkeit: kühl und dunkel gestellt 3–4 Monate

1. Die Grapefruit halbieren, den Saft auspressen und 200 ml abmessen. Limetten ebenfalls halbieren, den Saft auspressen und 150 ml abmessen. Grapefruit-, Limettensaft und Wasser in einen großen Kochtopf geben.

2. Bananen schälen, die Hälfte von dem Bananen-Fruchtfleisch zu den Säften in den Topf geben und fein pürieren.

3. Restliches Bananen-Fruchtfleisch in Stücke schneiden und zu dem Saft-Bananen-Püree in den Topf geben. Gelierzucker hinzugeben und gut unterrühren.

4. Die Zutaten unter Rühren bei starker Hitze zum Kochen bringen und unter ständigem Rühren mindestens 3 Minuten sprudelnd kochen lassen. Den Topf von der Kochstelle nehmen.

5. Das Kochgut evtl. abschäumen und sofort randvoll in vorbereitete Gläser füllen. Die Gläser mit Twist-off-Deckeln® verschließen, umdrehen und etwa 5 Minuten auf den Deckeln stehen lassen.

Tipps: Wichtig ist, dass die Konfitüre während des Kochens immer gut gerührt wird, da sie schnell am Topfboden ansetzt. Statt Pink-Grapefruitsaft Orangensaft verwenden. Die Konfitüre zu einem Schokoladenpudding reichen.

Beerenkonfitüre mit Tee

Raffiniert – mit Alkohol

etwa 8 Gläser je 200 ml

Insgesamt: E: 14 g, F: 7 g, Kh: 593 g, kJ: 11197, kcal: 2676, BE: 49,5

200 ml roter Traubensaft (ungesüßt, Handelsware)
2 EL loser Früchtetee, z. B. Johannisbeer-Kirsch-Geschmack
500 g Himbeeren (vorbereitet gewogen)
300 g Brombeeren (vorbereitet gewogen)
300 g Heidelbeeren (vorbereitet gewogen)
200 ml trockener, roter Sekt
500 g Super Gelierzucker 3 : 1

Zubereitungszeit: 50 Minuten, ohne Ziehzeit
Haltbarkeit: kühl und dunkel gestellt 3–4 Monate

1. Den abgemessenen Traubensaft in einem Topf zum Kochen bringen. Den Früchtetee damit übergießen und etwa 10 Minuten ziehen lassen. Die Teezubereitung durch ein Sieb geben, den Tee auffangen und 200 ml abmessen.

2. Beeren verlesen, evtl. kurz abspülen, gut abtropfen lassen, entstielen und abwiegen (500 g Himbeeren, 300 g Brombeeren, 300 g Heidelbeeren).

3. Die Teezubereitung mit den Beeren und dem Sekt in einem großen Kochtopf mit Super Gelierzucker gut verrühren. Die Zutaten unter Rühren bei starker Hitze zum Kochen bringen und unter ständigem Rühren mindestens 3 Minuten sprudelnd kochen lassen. Den Topf von der Kochstelle nehmen.

4. Das Kochgut evtl. abschäumen und sofort randvoll in vorbereitete Gläser füllen. Die Gläser mit Twist-off-Deckeln® verschließen, umdrehen und etwa 5 Minuten auf den Deckeln stehen lassen.

Tipp: Der rote Sekt kann auch durch Rotwein ersetzt werden.

Birnen-Karamell-Konfitüre

Mit Alkohol

etwa 5 Gläser je 200 ml

Insgesamt: E: 4 g, F: 3 g, Kh: 624 g, kJ: 11073, kcal: 2645, BE: 52,0

100 g	*Zucker*
50 ml	*kaltes Wasser*
50 ml	*kochendes Wasser*
800 g	*Birnen (vorbereitet gewogen)*
	Saft von
1	*Zitrone*
1 Pck.	*Zitronensäure (5 g)*
1 Pck.	*Dr. Oetker Bourbon-Vanille-Zucker*
400 g	*Zucker*
1 Beutel	*Gelfix Extra 2:1 (25 g)*
50 ml	*Birnengeist*

Zubereitungszeit: 45 Minuten

Haltbarkeit: kühl und dunkel gestellt etwa 1 Jahr

1. Zucker mit kaltem Wasser in einem kleinen Topf aufkochen und bei starker Hitze zu einem Karamell einkochen lassen. Den Topf von der Kochstelle nehmen, kochendes Wasser unterrühren. Karamell bei Zimmertemperatur stehen lassen.

2. Birnen schälen, vierteln, entkernen, in kleine Stücke schneiden und 800 g abwiegen.

3. Birnenstücke, Zitronensaft, Zitronensäure, Vanille-Zucker und Karamell in einen großen Kochtopf geben. Abgewogene Zuckermenge mit Gelfix Extra mischen, dann mit der Frucht-Karamell-Masse verrühren.

4. Die Zutaten unter Rühren bei starker Hitze zum Kochen bringen und unter ständigem Rühren mindestens 3 Minuten sprudelnd kochen lassen. Den Topf von der Kochstelle nehmen, Birnengeist unterrühren.

5. Das Kochgut evtl. abschäumen und sofort randvoll in vorbereitete Gläser füllen. Die Gläser mit Twist-off-Deckeln® verschließen, umdrehen und etwa 5 Minuten auf den Deckeln stehen lassen.

Birnenkonfitüre

Aromatisch – zum Verschenken
6–7 Gläser je 200 ml

Insgesamt: E: 7 g, F: 4 g, Kh: 1339 g, kJ: 22801, kcal: 5452, BE: 111,5

900 g	*Birnen (vorbereitet gewogen)*
100 g	*Rosinen*
1 Msp.	*gemahlene Nelken*
1 gestr. TL	*gemahlener Zimt*
	abgeriebene Schale von
1	*Bio-Zitrone (unbehandelt, ungewachst)*
2 EL	*Zitronensaft*
1 Beutel	*Gelfix Classic 1 : 1 (20 g)*
1150 g	*Zucker*

Zubereitungszeit: 40 Minuten
Haltbarkeit: kühl und dunkel gestellt etwa 1 Jahr

1. Die Birnen schälen, vierteln, entkernen, in kleine Stücke schneiden und 900 g abwiegen. Birnenstücke mit Rosinen, Nelken, Zimt, Zitronenschale und -saft in einen großen Kochtopf geben.

2. Gelfix Classic zuerst mit 2 Esslöffeln der abgewogenen Zuckermenge mischen, dann mit der Birnenmasse gut verrühren. Die Zutaten unter ständigem Rühren bei starker Hitze zum Kochen bringen. Sobald alles bei ständigem Rühren sprudelnd kocht, restlichen Zucker hinzufügen.

3. Alles unter Rühren wieder zum Kochen bringen und unter ständigem Rühren mindestens 3 Minuten sprudelnd kochen lassen. Den Topf von der Kochstelle nehmen.

4. Das Kochgut evtl. abschäumen und sofort randvoll in vorbereitete Gläser füllen. Die Gläser mit Twist-off-Deckeln® verschließen, umdrehen und etwa 5 Minuten auf den Deckeln stehen lassen.

Birnen-Möhren-Konfitüre mit rosa Pfefferbeeren

Zum Verschenken

etwa 5 Gläser je 200 ml

Insgesamt: E: 6 g, F: 3 g, Kh: 602 g, kJ: 10413, kcal: 2459, BE: 50,0

600 g	*reife Birnen (vorbereitet gewogen)*
250 g	*fein geraspelte Möhren (vorbereitet gewogen)*
50 ml	*klarer Apfelsaft (Handelsware)*
1 geh. TL	*rosa Pfefferbeeren*
500 g	*Extra Gelierzucker 2 : 1*

Zubereitungszeit: 45 Minuten
Haltbarkeit: kühl und dunkel gestellt 3–4 Monate

1. Die Birnen schälen, vierteln, entkernen, in kleine Stücke schneiden und 600 g abwiegen. Möhren putzen, schälen, abspülen, abtropfen lassen, auf einer Haushaltsreibe fein raspeln und 250 g abwiegen.

2. Birnenstücke mit den Möhrenraspeln, Apfelsaft und Pfefferbeeren in einem großen Kochtopf vermischen. Extra Gelierzucker gut unterrühren.

3. Die Zutaten unter Rühren bei starker Hitze zum Kochen bringen und unter ständigem Rühren mindestens 3 Minuten sprudelnd kochen lassen. Den Topf von der Kochstelle nehmen.

4. Das Kochgut evtl. abschäumen und sofort randvoll in vorbereitete Gläser füllen. Die Gläser mit Twist-off-Deckeln® verschließen, umdrehen und etwa 5 Minuten auf den Deckeln stehen lassen.

Blütengelee

Mit Alkohol

etwa 5 Gläser je 200 ml

Insgesamt: E: 4 g, F: 0 g, Kh: 560 g, kJ: 10706, kcal: 2530, BE: 46,5

etwa 15	*Stiefmütterchenblüten (je Glas 3–4 Blüten, je nach Größe) oder 15 Kapuzinerkresseblüten oder 1 EL Borretschblüten oder 1 EL Gänseblümchen-Blüten oder 1 EL Veilchen*
500 ml (1/2 l)	*Pfirsichsaft (Handelsware)*
400 ml	*Prosecco*
500 g	*Extra Gelierzucker 2:1*

Zubereitungszeit: 40 Minuten, ohne Abkühlzeit
Haltbarkeit: kühl und dunkel gestellt 3–4 Monate

1. Blüten vorsichtig abspülen und auf Küchenpapier abtropfen lassen.

2. Pfirsichsaft und Prosecco in einem großen Kochtopf mit Extra Gelierzucker gut verrühren. Die Zutaten unter Rühren bei starker Hitze zum Kochen bringen und unter ständigem Rühren mindestens 3 Minuten sprudelnd kochen lassen. Den Topf von der Kochstelle nehmen. Das Kochgut evtl. abschäumen.

3. Ein Viertel des Kochgutes in den vorbereiteten Gläsern verteilen und etwa 5 Minuten abkühlen lassen. Jeweils 1 Blüte auf das Gelee legen, wieder ein Viertel des Kochgutes daraufgeben, etwa 5 Minuten abkühlen lassen und mit je 1 weiteren Blüte belegen. So weiterverfahren, bis die Gläser randvoll sind.

4. Gläser mit Twist-off-Deckeln® verschließen, umdrehen und etwa 5 Minuten auf den Deckeln stehen lassen. Gläser während des Erkaltens gelegentlich umdrehen, damit sich die Blüten gut verteilen.

Wichtig: Die Blüten müssen ungespritzt sein. Sie sind beim Gemüsehändler oder auf dem Markt erhältlich (evtl. müssen sie vorbestellt werden).

Tipps: Die Haltbarkeit wird durch die Zugabe von Blüten verkürzt. Hübsch verpackt ist Blütengelee ein nettes Geschenk, z. B. zu einer Brunch-Party. Blütengelee zu hellem Fleisch reichen, z. B. zu Geflügel. Bei Verwendung von Borretschblüten, Gänseblümchen oder Veilchen werden jeweils 2–3 Blüten auf eine Geleeschicht gelegt.

Blutorangengelee

Einfach

etwa 6 Gläser je 200 ml

Insgesamt: E: 6 g, F: 2 g, Kh: 1079 g, kJ: 18449, kcal: 4413, BE: 90,0

850 ml	*Blutorangensaft (von etwa 16 Blutorangen)*
1 Beutel	*Gelfix Classic 1 : 1 (20 g)*
1 kg	*Zucker*

Zubereitungszeit: 40 Minuten
Haltbarkeit: kühl und dunkel gestellt etwa 1 Jahr

1. Orangen halbieren, den Saft auspressen, 850 ml abmessen und in einen großen Kochtopf geben.

2. Gelfix Classic zuerst mit 2 Esslöffeln der abgewogenen Zuckermenge mischen, dann zu dem Orangensaft in den Topf geben und gut verrühren.

3. Die Zutaten unter Rühren bei starker Hitze zum Kochen bringen. Sobald alles bei ständigem Rühren sprudelnd kocht, restlichen Zucker hinzufügen.

4. Alles unter Rühren wieder zum Kochen bringen und unter ständigem Rühren mindestens 3 Minuten sprudelnd kochen lassen. Den Topf von der Kochstelle nehmen.

5. Das Kochgut evtl. abschäumen und sofort randvoll in vorbereitete Gläser füllen. Die Gläser mit Twist-off-Deckeln® verschließen, umdrehen und etwa 5 Minuten auf den Deckeln stehen lassen.

Brombeer-Birnen-Konfitüre

Herb-fruchtig

4–5 Gläser je 200 ml

Insgesamt: E: 9 g, F: 7 g, Kh: 455 g, kJ: 7988, kcal: 1907, BE: 38,0

600 g Brombeeren (vorbereitet gewogen)
400 g reife Birnen (vorbereitet gewogen)
350 g Zucker oder Fruchtzucker
1 Beutel Gelfix Super 3:1 (25 g)

Zubereitungszeit: 25 Minuten
Haltbarkeit: kühl und dunkel gestellt etwa 1 Jahr

1. Die Brombeeren verlesen, evtl. kurz abspülen und abtropfen lassen. Blütenansätze entfernen und 600 g Beeren abwiegen. Birnen schälen, vierteln, entkernen, klein schneiden und 400 g abwiegen.

2. Brombeeren und Birnenstücke in einen Kochtopf geben. Abgewogenes Süßungsmittel mit Gelfix Super mischen, dann mit der Fruchtmasse gut verrühren.

3. Die Zutaten unter Rühren bei starker Hitze zum Kochen bringen und unter ständigem Rühren mindestens 3 Minuten sprudelnd kochen lassen. Den Topf von der Kochstelle nehmen.

4. Das Kochgut evtl. abschäumen und sofort randvoll in vorbereitete Gläser füllen. Die Gläser mit Twist-off-Deckeln® verschließen, umdrehen und etwa 5 Minuten auf den Deckeln stehen lassen.

Tipps: Wenn Sie keine Kerne in Ihrer Konfitüre mögen, streichen Sie die Brombeeren vor dem Kochen durch ein Sieb und wiegen Sie sie dann ab. Statt mit Zucker oder Fruchtzucker können Sie die Konfitüre mit 25 ml Flüssigsüße zubereiten. Dazu die vorbereiteten Früchte mit Gelfix Super und der abgemessenen Flüssigsüße verrühren und wie im Rezept angegeben fortfahren.

Variante: Brombeer-Birnen-Konfitüre mit Thymian. Sie können nach etwa 2 Minuten Kochzeit 1 Esslöffel gerebelten Thymian hinzufügen und 1 Minute mitkochen lassen. Die Haltbarkeit der Konfitüre wird jedoch dadurch verkürzt (Haltbarkeit 3–4 Monate).

Brombeerkonfitüre

Klassisch *(ohne Foto)*

etwa 7 Gläser je 200 ml

Insgesamt: E: 12 g, F: 10 g, Kh: 1216 g, kJ: 20934, kcal: 5003, BE: 101,5

1 kg	*Brombeeren (vorbereitet gewogen)*
1 Beutel	*Gelfix Classic 1:1 (20 g)*
1150 g	*Zucker*

Zubereitungszeit: 45 Minuten
Haltbarkeit: kühl und dunkel gestellt etwa 1 Jahr

1. Die Brombeeren verlesen, entstielen, abspülen, gut abtropfen lassen und 1 kg abwiegen. Die Brombeeren zerdrücken, am besten mit einem Stampfer oder mit einem Stabmixer zerkleinern.

2. Brombeermasse in einen großen Kochtopf geben. Gelfix Classic zuerst mit 2 Esslöffeln der abgewogenen Zuckermenge mischen, dann mit der Brombeermasse gut verrühren.

3. Die Zutaten unter Rühren bei starker Hitze zum Kochen bringen. Sobald alles bei ständigem Rühren sprudelnd kocht, restlichen Zucker hinzufügen. Alles unter Rühren wieder zum Kochen bringen und unter ständigem Rühren mindestens 3 Minuten sprudelnd kochen lassen. Den Topf von der Kochstelle nehmen.

4. Das Kochgut evtl. abschäumen und sofort randvoll in vorbereitete Gläser füllen. Die Gläser mit Twist-off-Deckeln® verschließen, umdrehen und etwa 5 Minuten auf den Deckeln stehen lassen.

Tipp: Nach Belieben 3 Esslöffel Gin unter die fertig gekochte Konfitüre rühren.

Brombeer-Limetten-Gelee

Süßer Genuss

etwa 4 Gläser je 200 ml

Insgesamt: E: 8 g, F: 6 g, Kh: 470 g, kJ: 8362, kcal: 1980, BE: 39,0

650 ml	*Brombeersaft (von etwa 1,1 kg Brombeeren)*
3	*Bio-Limetten (unbehandelt, ungewachst)*
400 g	*Zucker*
1 Beutel	*Gelfix Extra 2:1 (25 g)*

Zubereitungszeit: 45 Minuten, ohne Entsaftungszeit
Haltbarkeit: kühl und dunkel gestellt etwa 1 Jahr

1. Die Brombeeren verlesen, entstielen, abspülen und abtropfen lassen. Limetten heiß abwaschen und abtrocknen. 1 Limette dünn schälen. Limettenschale zu den Brombeeren geben.

2. Die Brombeeren im Schnellkochtopf oder Dampfentsafter entsaften (Gebrauchsanleitung des Geräteherstellers beachten). 650 ml Saft abmessen.

3. Von den restlichen Limetten die Schale mit einem Zestenreißer in Streifen abziehen. Alle Limetten halbieren, den Saft auspressen und 100 ml Saft abmessen. Den Limettensaft mit dem Brombeersaft in einen großen Kochtopf geben. Abgewogene Zuckermenge mit Gelfix Extra mischen, mit dem Saft gut verrühren.

4. Die Zutaten unter Rühren bei starker Hitze zum Kochen bringen und unter ständigem Rühren mindestens 3 Minuten sprudelnd kochen lassen. Den Topf von der Kochstelle nehmen.

5. Das Kochgut evtl. abschäumen. Limettenstreifen unterrühren. Kochgut sofort randvoll in vorbereitete Gläser füllen. Gläser mit Twist-off-Deckeln® verschließen, umdrehen und etwa 5 Minuten auf den Deckeln stehen lassen.

6. Die Gläser während des Erkaltens gelegentlich umdrehen, damit sich die Limettenschalen gleichmäßig verteilen.

Brombeer-Rotwein-Konfitüre

Mit Alkohol

etwa 6 Gläser je 200 ml

Insgesamt: E: 7 g, F: 5 g, Kh: 945 g, kJ: 17147, kcal: 4097, BE: 79,0

500 g	*Brombeeren (vorbereitet gewogen)*
400 ml	*trockener Rotwein*
1 Beutel	*Gelfix Classic 1 : 1 (20 g)*
900 g	*Zucker*

Zubereitungszeit: 40 Minuten
Haltbarkeit: kühl und dunkel gestellt etwa 1 Jahr

1. Brombeeren verlesen, evtl. kurz abspülen, trocken tupfen und 500 g abwiegen.

2. Brombeeren und Rotwein in einen großen Kochtopf geben. Gelfix Classic zuerst mit 2 Esslöffeln der abgewogenen Zuckermenge mischen, dann mit der Fruchtmasse gut verrühren. Die Zutaten unter Rühren bei starker Hitze zum Kochen bringen.

3. Sobald alles bei ständigem Rühren sprudelnd kocht, restlichen Zucker hinzufügen. Alles unter Rühren wieder zum Kochen bringen und unter ständigem Rühren mindestens 3 Minuten sprudelnd kochen lassen. Den Topf von der Kochstelle nehmen.

4. Das Kochgut evtl. abschäumen und sofort randvoll in vorbereitete Gläser füllen.

5. Die Gläser mit Twist-off-Deckeln® verschließen, umdrehen und etwa 5 Minuten auf den Deckeln stehen lassen.

Tipp: Sollten Sie die Kerne bei Beerenobst als störend empfinden, passieren Sie 900 g Brombeeren durch ein feines Sieb und wiegen danach 500 g Brombeerenmasse ab.

Cranberrygelee mit Orangensaft

Süßer Genuss

etwa 5 Gläser je 200 ml

Insgesamt: E: 7 g, F: 2 g, Kh: 806 g, kJ: 14112, kcal: 3336, BE: 67,0

125 g	*Cranberrys, getrocknet, ungeschwefelt*
1	*Bio-Orange (unbehandelt, ungewachst)*
330 ml	*Cranberrysaft (Direktsaft, 100 %)*
300 ml	*Orangensaft*
250 ml (1/4 l)	*Apfelsaftkonzentrat*
500 g	*Extra Gelierzucker 2:1*
1 Pck.	*Zitronensäure (5 g)*

Zubereitungszeit: 30 Minuten, ohne Durchziehzeit
Haltbarkeit: kühl und dunkel gestellt 3–4 Monate

1. Cranberrys grob hacken. Orange heiß abwaschen, abtrocknen und die Schale abreiben. Oder von der Orange mit einem Zestenreißer Streifen abziehen.

2. Cranberrys mit Orangenschale oder -streifen und Cranberrysaft in einem großen Kochtopf verrühren, etwa 2 Stunden durchziehen lassen.

3. Der Orangensaft und das Apfelsaftkonzentrat mit Extra Gelierzucker zu der Cranberrymasse in den Topf geben und gut unterrühren. Die Zutaten unter Rühren bei starker Hitze zum Kochen bringen und unter ständigem Rühren mindestens 3 Minuten sprudelnd kochen lassen. Zitronensäure unterrühren. Den Topf von der Kochstelle nehmen.

4. Das Kochgut evtl. abschäumen und sofort randvoll in vorbereitete Gläser füllen. Die Gläser mit Twist-off-Deckeln® verschließen, umdrehen und etwa 5 Minuten auf den Deckeln stehen lassen.

Dreifrucht-Schichtkonfitüre (Pflaumen, Äpfel, Birnen)

Mit Alkohol

etwa 5 Gläser je 200 ml

Insgesamt: E: 5 g, F: 2 g, Kh: 612 g, kJ: 10861, kcal: 2566, BE: 51,0

250 g Äpfel (vorbereitet gewogen)
250 g Birnen (vorbereitet gewogen)
500 g Pflaumen (Zwetschen, vorbereitet gewogen)

Für die Apfel-Birnen-Konfitüre:
30 g Weinbeeren
250 g Extra Gelierzucker 2:1
2 EL Rum

Für die Pflaumenkonfitüre:
1 Sternanis
1 Msp. gemahlene Nelken
1 Msp. gemahlener Zimt
250 g Extra Gelierzucker 2:1

Zubereitungszeit: 60 Minuten, ohne Steh- und Abkühlzeit
Haltbarkeit: kühl und dunkel gestellt 3–4 Monate

1. Äpfel und Birnen schälen, vierteln und entkernen. Apfel- und Birnenviertel in kleine Stücke schneiden, je 250 g Fruchtfleisch abwiegen.

2. Die Pflaumen (Zwetschen) gut abspülen, trocken tupfen, halbieren, entsteinen und klein schneiden, 500 g Fruchtfleisch abwiegen.

3. Für die Apfel-Birnen-Konfitüre Apfel- und Birnenstücke mit den Weinbeeren in einen kleinen Kochtopf (etwa 2-Liter-Inhalt) geben und mit Extra Gelierzucker (250 g) gut verrühren, etwa 30 Minuten stehen lassen.

4. Für die Pflaumenkonfitüre Pflaumen (Zwetschen) mit Sternanis, Nelken und gemahlenem Zimt in einen weiteren Kochtopf (etwa 2-Liter-Inhalt) geben, ebenfalls mit Extra Gelierzucker (250 g) gut verrühren und etwa 30 Minuten stehen lassen.

5. Zunächst die Apfel-Birnen-Fruchtmasse bei starker Hitze zum Kochen bringen und mindestens 3 Minuten unter ständigem Rühren sprudelnd kochen lassen. Den Rum unterrühren. Den Topf von der Kochstelle nehmen.

6. Das Kochgut evtl. abschäumen. Etwa ein Drittel (2–3 Esslöffel je Glas) von der Apfel-Birnen-Konfitüre mit einem Esslöffel oder einer kleinen Kelle vorsichtig in den vorbereiteten Gläsern verteilen, etwas fest werden lassen.

7. Die Pflaumen-Fruchtmasse auf die gleiche Weise (wie unter Punkt 5 beschrieben) zubereiten. Den Topf von der Kochstelle nehmen, Sternanis entfernen.

8. Das Kochgut evtl. abschäumen. Etwa ein Drittel (2–3 Esslöffel je Glas) von der Pflaumenkonfitüre mit einem Esslöffel oder einer kleinen Kelle auf die Apfel-Birnen-Konfitüre geben und etwas fest werden lassen (etwa 10 Minuten).

9. Die Hälfte der restlichen Apfel-Birnen-Konfitüre daraufgeben und ein Drittel von der Pflaumenkonfitüre darauf verteilen.

10. Die restliche Apfel-Birnen-Konfitüre daraufgeben und mit der restlichen Pflaumenkonfitüre die Gläser randvoll füllen.

11. Gläser mit Twist-off-Deckeln® verschließen, umdrehen und etwa 5 Minuten auf den Deckeln stehen lassen.

Erdbeer-Ananas-Konfitüre

Süßer Genuss – mit Alkohol

etwa 5 Gläser je 200 ml

Insgesamt: E: 6 g, F: 3 g, Kh: 616 g, kJ: 10967, kcal: 2621, BE: 51,5

500 g	*passierte Erdbeeren*
500 g	*passiertes Ananas-Fruchtfleisch*
500 g	*Zucker*
1 Beutel	*Gelfix Extra 2 : 1 (25 g)*
3 EL	*Orangenlikör oder Kirschwasser*

Zubereitungszeit: 50 Minuten
Haltbarkeit: kühl und dunkel gestellt 3–4 Monate

1. Passierte Erdbeeren und passiertes Ananas-Fruchtfleisch in einen großen Kochtopf geben.

2. Die abgewogene Zuckermenge mit Gelfix Extra mischen, zu den passierten Früchten in den Topf geben und gut verrühren. Die Zutaten unter Rühren bei starker Hitze zum Kochen bringen und mindestens 3 Minuten unter ständigem Rühren sprudelnd kochen lassen. Den Topf von der Kochstelle nehmen. Likör oder Kirschwasser unterrühren.

3. Das Kochgut evtl. abschäumen und sofort randvoll in vorbereitete Gläser füllen.

4. Die Gläser mit Twist-off-Deckeln® verschließen, umdrehen und etwa 5 Minuten auf den Deckeln stehen lassen.

Tipps: Um 500 g passierte Erdbeeren zu bekommen, benötigt man etwa 750 g Erdbeeren. Dafür Erdbeeren abspülen, gut abtropfen lassen, entstielen, pürieren und anschließend durch ein Sieb passieren. Für 500 g passiertes Ananas-Fruchtfleisch benötigt man etwa 600 g Ananasscheiben (aus dem Kühlregal). Ananasscheiben in Stücke schneiden, mit einem Stabmixer pürieren und anschließend durch ein Sieb passieren.

Erdbeer-Chili-Konfitüre

Mit Alkohol
etwa 5 Gläser je 200 ml

Insgesamt: E: 8 g, F: 4 g, Kh: 573 g, kJ: 10699, kcal: 2524, BE: 48,0

900 g	*Erdbeeren (vorbereitet gewogen)*
2–3	*rote Chilischoten*
100 ml	*Cassislikör (Schwarzer Johannisbeerlikör)*
500 g	*Extra Gelierzucker 2 : 1*

Zubereitungszeit: 30 Minuten
Haltbarkeit: kühl und dunkel gestellt 3–4 Monate

1. Erdbeeren putzen, abspülen, gut abtropfen lassen, entstielen, klein schneiden und 900 g abwiegen.

2. Chilischoten abspülen, trocken tupfen, halbieren, entstielen, entkernen und die weißen Scheidewände entfernen. Die Schotenhälften in sehr kleine Würfel schneiden.

3. Erdbeerstückchen, Chiliwürfel und Likör in einem großen Kochtopf mit Extra Gelierzucker sorgfältig verrühren.

4. Die Zutaten unter Rühren bei starker Hitze zum Kochen bringen und unter ständigem Rühren mindestens 3 Minuten sprudelnd kochen lassen. Den Topf von der Kochstelle nehmen.

5. Das Kochgut evtl. abschäumen und sofort randvoll in vorbereitete Gläser füllen. Die Gläser mit Twist-off-Deckeln® verschließen, umdrehen und etwa 5 Minuten auf den Deckeln stehen lassen.

Erdbeergelee

Klassisch

etwa 6 Gläser je 200 ml

Insgesamt: E: 12 g, F: 6 g, Kh: 1085 g, kJ: 18903, kcal: 4516, BE: 90,5

etwa 1 ½ kg Erdbeeren
125 ml (⅛ l) Wasser
1 Beutel Gelfix Classic 1 : 1 (20 g)
1 kg Zucker
2 EL Zitronensaft

Außerdem:

1 Geschirrtuch (Mulltuch)

Zubereitungszeit: 50 Minuten, ohne Abtropf- und Abkühlzeit
Haltbarkeit: kühl und dunkel gestellt 3–4 Monate

1. Erdbeeren putzen, abspülen, gut abtropfen lassen und entstielen. Die Erdbeeren in einen Kochtopf geben und mit einem Stampfer zerdrücken oder mit einem Stabmixer grob pürieren.

2. Erdbeeren mit dem Wasser zum Kochen bringen und zugedeckt bei schwacher Hitze weich, aber nicht musig kochen, dabei ab und zu umrühren.

3. Ein großes Sieb mit einem feuchten Geschirrtuch (Mulltuch) auslegen und über eine Schüssel hängen. Die Erdbeermasse daraufgeben und den Saft ablaufen lassen.

4. Den Fruchtbrei nach dem Erkalten mithilfe des Tuches ausdrücken. Von dem Erdbeersaft 850 ml abmessen (evtl. mit Wasser auffüllen) und in einen großen Kochtopf geben.

5. Gelfix Classic zuerst mit 2 Esslöffeln der abgewogenen Zuckermenge mischen, dann mit dem Erdbeersaft gut verrühren. Zitronensaft unterrühren.

6. Den Erdbeersaft unter Rühren bei starker Hitze zum Kochen bringen. Sobald alles bei ständigem Rühren sprudelnd kocht, restlichen Zucker hinzufügen.

7. Alles unter Rühren wieder zum Kochen bringen und unter ständigem Rühren mindestens 3 Minuten sprudelnd kochen lassen. Den Topf von der Kochstelle nehmen.

8. Das Kochgut evtl. abschäumen und sofort randvoll in vorbereitete Gläser füllen.

9. Die Gläser mit Twist-off-Deckeln® verschließen, umdrehen und etwa 5 Minuten auf den Deckeln stehen lassen.

Tipps: 2 Esslöffel fein geschnittene Minze oder Zitronenmelisse unter das fertige Gelee rühren. Dadurch verkürzt sich jedoch die Haltbarkeit des Erdbeergelees. Sie können auch mithilfe eines Schnellkochtopfes oder Dampfentsafters Saft gewinnen (Gebrauchsanleitung des Geräteherstellers beachten). Die Erdbeeren am besten über Nacht ablaufen lassen.

Erdbeergelee mit Mango

Etwas Besonderes

etwa 6 Gläser je 200 ml

Insgesamt: E: 7 g, F: 4 g, Kh: 575 g, kJ: 10170, kcal: 2402, BE: 48,0

Zubereitungszeit: 45 Minuten
Haltbarkeit: kühl und dunkel gestellt etwa 1 Jahr

700 ml	*Erdbeersaft (ungesüßt, von etwa 1 kg Erdbeeren, vorbereitet gewogen)*
300 g	*Mango-Fruchtfleisch (vorbereitet gewogen)*
500 g	*Extra Gelierzucker 2 : 1*

1. Erdbeeren putzen, abspülen, abtropfen lassen und halbieren. Erdbeerhälften mithilfe eines Schnellkochtopfes oder Dampfentsafters entsaften (Gebrauchsanleitung des Geräteherstellers beachten). Von dem Erdbeersaft 700 ml abmessen.

2. Mango längs halbieren und den Stein herauslösen. Mangohälften schälen, in sehr kleine Stücke schneiden und 300 g abwiegen.

3. Erdbeersaft und Mangostücke mit Extra Gelierzucker in einen großen Kochtopf geben und gut verrühren.

4. Die Zutaten unter Rühren bei starker Hitze zum Kochen bringen und unter ständigem Rühren mindestens 3 Minuten sprudelnd kochen lassen. Den Topf von der Kochstelle nehmen.

5. Das Kochgut evtl. abschäumen und sofort randvoll in vorbereitete Gläser füllen. Die Gläser mit Twist-off-Deckeln® verschließen, umdrehen und etwa 5 Minuten auf den Deckeln stehen lassen.

Erdbeer-Kokos-Konfitüre

Raffiniert – mit Alkohol

etwa 5 Gläser je 200 ml

Insgesamt: E: 14 g, F: 68 g, Kh: 574 g, kJ: 12603, kcal: 3011, BE: 48,0

400 ml	*Erdbeer- oder Kirschsaft (von etwa 600 g Erdbeeren oder etwa 700 g Kirschen)*
100 g	*Kokosraspel*
450 g	*Erdbeeren (vorbereitet gewogen)*
1 Pck.	*Zitronensäure (5 g)*
evtl. 50 ml	*weißer Rum*
500 g	*Zucker*
1 Beutel	*Gelfix Extra 2:1 (25 g)*

Zubereitungszeit: 50 Minuten,
Haltbarkeit: kühl und dunkel gestellt 3–4 Monate

1. Erdbeeren oder Kirschen abspülen, abtropfen lassen und entstielen. Erdbeeren halbieren oder Kirschen entsteinen. Aus den Erdbeeren oder Kirschen mithilfe eines Schnellkochtopfes oder Dampfentsafters Saft gewinnen (Gebrauchsanleitung des Geräteherstellers beachten). Den Saft abkühlen lassen und 400 ml abmessen.

2. Erdbeer- oder Kirschsaft und Kokosraspel in einen Kochtopf geben, zum Kochen bringen und zugedeckt etwa 5 Minuten bei mittlerer Hitze kochen lassen.

3. Die Erdbeeren putzen, abspülen, abtropfen lassen, entstielen, klein schneiden und 450 g abwiegen.

4. Erdbeerstücke, die gekochte Kokos-Saft-Masse, Zitronensäure und nach Belieben Rum in einen großen Kochtopf geben.

5. Den Zucker mit Gelfix Extra mischen, dann mit der Frucht-Kokos-Masse gut verrühren.

6. Alles unter Rühren bei starker Hitze zum Kochen bringen und unter ständigem Rühren mindestens 3 Minuten sprudelnd kochen lassen. Den Topf von der Kochstelle nehmen.

7. Das Kochgut evtl. abschäumen und sofort randvoll in vorbereitete Gläser füllen.

8. Die Gläser mit Twist-off-Deckeln® verschließen, umdrehen und etwa 5 Minuten auf den Deckeln stehen lassen.

Tipp: Für das Rezept kann statt selbst entsaftetem auch gekaufter Kirschsaft verwendet werden.

Erdbeerkonfitüre

Klassisch

etwa 5 Gläser je 200 ml

Insgesamt: E: 8 g, F: 4 g, Kh: 548 g, kJ: 9787, kcal: 2306, BE: 45,5

1 kg Erdbeeren (vorbereitet gewogen)
2 EL Zitronen- oder Limettensaft
500 g Extra Gelierzucker 2 : 1

Zubereitungszeit: 35 Minuten
Haltbarkeit: kühl und dunkel gestellt 3–4 Monate

1. Erdbeeren putzen, abspülen, gut abtropfen lassen, entstielen, in sehr kleine Stücke schneiden und 1 kg abwiegen.

2. Die Erdbeerstücke mit Zitronen- oder Limettensaft und Extra Gelierzucker in einem großen Kochtopf gut verrühren.

3. Die Zutaten unter Rühren bei starker Hitze zum Kochen bringen und unter ständigem Rühren mindestens 3 Minuten sprudelnd kochen lassen. Den Topf von der Kochstelle nehmen.

4. Das Kochgut evtl. abschäumen und sofort randvoll in vorbereitete Gläser füllen. Die Gläser mit Twist-off-Deckeln® verschließen, umdrehen und etwa 5 Minuten auf den Deckeln stehen lassen.

Tipp: Zusätzlich abgeriebene Schale von 1 Bio-Zitrone (unbehandelt, ungewachst) mit den Erdbeerstücken mischen und mitkochen lassen.

Erdbeerkonfitüre, dunkelrote

Raffiniert

etwa 5 Gläser je 200 ml

Insgesamt: E: 8 g, F: 4 g, Kh: 581 g, kJ: 10182, kcal: 2431, BE: 48,5

900 g	*Erdbeeren (vorbereitet gewogen)*
100 ml	*schwarzer Johannisbeernektar (Handelsware)*
1 Pck.	*Dr. Oetker Finesse Orangenschalen-Aroma*
500 g	*Zucker*
1 Beutel	*Gelfix Extra 2 : 1 (25 g)*

Zubereitungszeit: 25 Minuten
Haltbarkeit: kühl und dunkel gestellt etwa 1 Jahr

1. Die Erdbeeren putzen, abspülen, abtropfen lassen, entstielen, klein schneiden und 900 g abwiegen.

2. Erdbeerstücke, Johannisbeernektar und Orangenschalen-Aroma in einen großen Kochtopf geben. Die abgewogene Zuckermenge mit Gelfix Extra mischen und mit der Fruchtmasse gut verrühren.

3. Die Zutaten unter Rühren bei starker Hitze zum Kochen bringen und unter ständigem Rühren mindestens 3 Minuten sprudelnd kochen. Den Topf von der Kochstelle nehmen.

4. Das Kochgut evtl. abschäumen und sofort randvoll in vorbereitete Gläser füllen. Die Gläser mit Twist-off-Deckeln® verschließen, umdrehen und etwa 5 Minuten auf den Deckeln stehen lassen.

Erdbeerkonfitüre mit Pistazien

Raffiniert

etwa 5 Gläser je 200 ml

Insgesamt: E: 14 g, F: 19 g, Kh: 548 g, kJ: 10442, kcal: 2463, BE: 45,5

950 g Erdbeeren (vorbereitet gewogen)
30 g Pistazienkerne
½ Fl. Butter-Vanille-Aroma
500 g Extra Gelierzucker 2 : 1

Zubereitungszeit: 30 Minuten
Haltbarkeit: kühl und dunkel gestellt 3–4 Monate

1. Erdbeeren putzen, abspülen, abtropfen lassen, entstielen, in kleine Stücke schneiden und 950 g abwiegen. Pistazienkerne grob hacken.

2. Erdbeerstücke und Butter-Vanille-Aroma in einem großen Kochtopf mit Extra Gelierzucker gut verrühren.

3. Die Zutaten unter Rühren bei starker Hitze zum Kochen bringen und unter ständigem Rühren etwa 2 Minuten sprudelnd kochen lassen. Pistazienkerne hinzufügen und noch mindestens 1 Minute unter ständigem Rühren sprudelnd kochen lassen. Den Topf von der Kochstelle nehmen.

4. Das Kochgut evtl. abschäumen und sofort randvoll in vorbereitete Gläser füllen. Die Gläser mit Twist-off-Deckeln® verschließen, umdrehen und etwa 5 Minuten auf den Deckeln stehen lassen.

5. Die Gläser während des Erkaltens gelegentlich umdrehen, damit sich die Pistazienkerne gut verteilen.

Tipps: Das Butter-Vanille-Aroma können Sie nach Belieben ersatzlos weglassen. Oder Sie können die Pistazienkerne durch die gleiche Menge gehackte Mandeln ersetzen. Durch die Zugabe von Pistazienkernen oder Mandeln wird die Haltbarkeit der Erdbeerkonfitüre verkürzt.

Erdbeer-Maracuja-Konfitüre

Etwas Besonderes

etwa 7 Gläser je 200 ml

Insgesamt: E: 7 g, F: 3 g, Kh: 592 g, kJ: 10555, kcal: 2487, BE: 49,5

700 g	*Erdbeeren (vorbereitet gewogen)*
500 ml	*Maracujanektar (25 % Fruchtanteil)*
50 ml	*Zitronensaft*
500 g	*Super Gelierzucker 3 : 1*

Zubereitungszeit: 30 Minuten
Haltbarkeit: kühl und dunkel gestellt 3–4 Monate

1. Die Erdbeeren putzen, abspülen, abtropfen lassen, entstielen und 700 g abwiegen. Erdbeeren in kleine Würfel schneiden.

2. Erdbeerwürfel, Maracujanektar, Zitronensaft und Super Gelierzucker in einem großen Kochtopf gut verrühren. Die Zutaten unter Rühren bei starker Hitze zum Kochen bringen und unter ständigem Rühren mindestens 3 Minuten sprudelnd kochen lassen. Den Topf von der Kochstelle nehmen.

3. Das Kochgut evtl. abschäumen und sofort randvoll in vorbereitete Gläser füllen. Die Gläser mit Twist-off-Deckeln® verschließen, umdrehen und etwa 5 Minuten auf den Deckeln stehen lassen.

Erdbeer-Rhabarber-Konfitüre

Klassisch

etwa 5 Gläser je 200 ml

Insgesamt: E: 7 g, F: 3 g, Kh: 531 g, kJ: 9444, kcal: 2224, BE: 44,5

600 g Erdbeeren (vorbereitet gewogen)
400 g Rhabarber (vorbereitet gewogen)
500 g Extra Gelierzucker 2 : 1

Zubereitungszeit: 30 Minuten
Haltbarkeit: kühl und dunkel gestellt etwa 1 Jahr

1. Die Erdbeeren putzen, abspülen, abtropfen lassen, entstielen, in kleine Stücke schneiden und 600 g abwiegen. Den Rhabarber abspülen (nicht abziehen), abtropfen lassen, die Stielenden und die Blattansätze entfernen. Die Stangen in sehr kleine Stücke schneiden und 400 g abwiegen.

2. Die vorbereiteten Fruchtstücke mit Extra Gelierzucker in einem großen Kochtopf gut verrühren.

3. Die Zutaten unter Rühren bei starker Hitze zum Kochen bringen und unter ständigem Rühren mindestens 3 Minuten sprudelnd kochen lassen. Den Topf von der Kochstelle nehmen.

4. Das Kochgut evtl. abschäumen und sofort randvoll in vorbereitete Gläser füllen. Die Gläser mit Twist-off-Deckeln® verschließen, umdrehen und etwa 5 Minuten auf den Deckeln stehen lassen.

Tipp: Zusätzlich 1 Päckchen Dr. Oetker Bourbon-Vanille-Zucker unter vorbereitete Fruchtstücke rühren.

Erdbeer-Rote-Bete-Konfitüre

Aromatisch – köstlich

etwa 5 Gläser je 200 ml

Insgesamt: E: 10 g, F: 3 g, Kh: 553 g, kJ: 9833, kcal: 2317, BE: 46,0

***700 g** Erdbeeren (vorbereitet gewogen)*
***250 g** Rote-Bete (vakuumverpackt, gekocht, geschält)*
***50 ml** Zitronensaft*
***500 g** Extra Gelierzucker 2:1*

Zubereitungszeit: 30 Minuten
Haltbarkeit: kühl und dunkel gestellt 3–4 Monate

1. Die Erdbeeren putzen, abspülen, abtropfen lassen, entstielen, in kleine Stücke schneiden und 700 g abwiegen. Rote-Bete in Stücke schneiden und mit dem Zitronensaft pürieren.

2. Die Erdbeerstücke und das Rote-Bete-Püree in einen großen Kochtopf geben, mit Extra Gelierzucker gut verrühren. Die Zutaten unter Rühren bei starker Hitze zum Kochen bringen und unter ständigem Rühren mindestens 3 Minuten sprudelnd kochen lassen. Den Topf von der Kochstelle nehmen.

3. Das Kochgut evtl. abschäumen und sofort randvoll in vorbereitete Gläser füllen. Die Gläser mit Twist-off-Deckeln® verschließen, umdrehen und etwa 5 Minuten auf den Deckeln stehen lassen.

Tipp: Zusätzlich abgeriebene Schale von 1 Bio-Zitrone (unbehandelt, ungewachst) unter die Früchte rühren.

Feigenkonfitüre mit Kumquats und Ingwer

Exotisch

etwa 5 Gläser je 200 ml

Insgesamt: E: 11 g, F: 5 g, Kh: 651 g, kJ: 11404, kcal: 2724, BE: 54,5

700 g	*Feigen (vorbereitet gewogen, etwa 12 reife Feigen je 80 g)*
250 g	*Kumquats (vorbereitet gewogen)*
30 g	*Ingwer*
5 EL	*Apfel- oder Orangensaft (Handelsware)*
500 g	*Zucker*
1 Beutel	*Gelfix Extra 2 : 1 (25 g)*

Zubereitungszeit: 40 Minuten
Haltbarkeit: kühl und dunkel gestellt 3–4 Monate

1. Feigen abspülen, abtropfen lassen, entstielen und schälen. 700 g Fruchtfleisch abwiegen und in kleine Stücke schneiden. Kumquats heiß abspülen, trocken tupfen und die Stängelansätze entfernen. Kumquats halbieren, entkernen und 250 g Früchte abwiegen. Kumquathälften in sehr kleine Stücke schneiden. Den Ingwer schälen und sehr fein hacken.

2. Die Feigen-, Kumquat- und Ingwerstücke in einen großen Kochtopf geben. Mit Apfel- oder Orangensaft mischen.

3. Abgewogene Zuckermenge mit Gelfix Extra mischen und mit der Fruchtmasse gut verrühren. Die Zutaten unter Rühren bei starker Hitze zum Kochen bringen und unter ständigem Rühren mindestens 3 Minuten sprudelnd kochen lassen. Den Topf von der Kochstelle nehmen.

4. Das Kochgut evtl. abschäumen und sofort randvoll in vorbereitete Gläser füllen. Die Gläser mit Twist-off-Deckeln® verschließen, umdrehen und etwa 5 Minuten auf den Deckeln stehen lassen.

Tipp: Die Konfitüre schmeckt gut zu Fleischgerichten mit Curry oder zu Käse.

Feigenkonfitüre mit Rhabarbersaft und Kakifrucht

Exotisch

etwa 5 Gläser je 200 ml

Insgesamt: E: 9 g, F: 3 g, Kh: 598 g, kJ: 10637, kcal: 2510, BE: 50,0

450 g	*frische, reife, blaue Feigen (vorbereitet gewogen, 7–8 große Feigen je etwa 100 g)*
250 g	*Kakifrucht (Sharonfrucht, etwa 2 Stück, vorbereitet gewogen)*
300 ml	*Rhabarber-Direktsaft (Rhabarbertrunk 60 %)*
500 g	*Extra Gelierzucker 2 : 1*
1 Pck.	*Zitronensäure (5 g)*

Zubereitungszeit: 35 Minuten
Haltbarkeit: kühl und dunkel gestellt 3–4 Monate

1. Feigen abspülen, gut abtropfen lassen, entstielen, schälen, in kleine Stücke schneiden und 450 g abwiegen. Kakifrüchte abspülen, abtrocknen, schälen, in kleine Stücke schneiden und 250 g abwiegen. Feigen- und Kakifruchtstücke mit dem Rhabarber-Direktsaft in einen großen Kochtopf geben, mit Extra Gelierzucker und Zitronensäure gut verrühren.

2. Die Zutaten unter Rühren bei starker Hitze zum Kochen bringen und unter ständigem Rühren mindestens 3 Minuten sprudelnd kochen lassen. Den Topf von der Kochstelle nehmen.

3. Das Kochgut evtl. abschäumen und sofort randvoll in vorbereitete Gläser füllen. Die Gläser mit Twist-off-Deckeln® verschließen, umdrehen und etwa 5 Minuten auf den Deckeln stehen lassen.

Tipp: Statt Kakifrüchte 250 g vorbereitete, gelbe Pfirsiche verwenden.

Feigen-Orangen-Konfitüre

Mit Alkohol – exotisch

(ohne Foto)

etwa 7 Gläser je 200 ml

Insgesamt: E: 12 g, F: 5 g, Kh: 1283 g, kJ: 22331, kcal: 5339, BE: 107,0

750 g	*Feigen-Fruchtfleisch (vorbereitet gewogen, von etwa 12 Feigen je 80 g)*
250 g	*Orangen-Fruchtfleisch (vorbereitet gewogen, von etwa 3 Orangen)*
1 Beutel	*Gelfix Classic 1 : 1 (20 g)*
1150 g	*Zucker*
1 EL	*Zitronensaft*
2–3 EL	*Orangenlikör*

Zubereitungszeit: 50 Minuten
Haltbarkeit: kühl und dunkel gestellt 3–4 Monate

1. Feigen halbieren, das Fruchtfleisch vorsichtig aus der Schale lösen und 750 g abwiegen.

2. Die Orangen so schälen, dass die weiße Haut vollständig entfernt wird. Orangen in Stücke schneiden und 250 g abwiegen.

3. Die vorbereiteten Früchte in einen großen Kochtopf geben. Gelfix Classic zuerst mit 2 Esslöffeln von der abgewogenen Zuckermenge mischen, dann mit der Fruchtmasse gut verrühren.

4. Die Zutaten unter Rühren bei starker Hitze zum Kochen bringen. Sobald alles bei ständigem Rühren sprudelnd kocht, restlichen Zucker hinzufügen.

5. Alles unter Rühren wieder zum Kochen bringen und unter ständigem Rühren mindestens 3 Minuten sprudelnd kochen lassen. Den Topf von der Kochstelle nehmen. Zitronensaft und Orangenlikör unterrühren.

6. Das Kochgut evtl. abschäumen und sofort randvoll in vorbereitete Gläser füllen. Die Gläser mit Twist-off-Deckeln® verschließen, umdrehen und etwa 5 Minuten auf den Deckeln stehen lassen.

Feigen-Weintrauben-Konfitüre mit Rotwein

Mit Alkohol – für Gäste

etwa 7 Gläser je 200 ml

Insgesamt: E: 15 g, F: 6 g, Kh: 696 g, kJ: 13209, kcal: 3125, BE: 58,0

1 kg	*frische, reife, blaue Feigen (vorbereitet gewogen, etwa 12 Stück je etwa 100 g)*
300 g	*kernlose, blaue Weintrauben (vorbereitet gewogen)*
100 ml	*Rotwein*
100 ml	*Cassislikör (Schwarzer Johannisbeerlikör)*
500 g	*Super Gelierzucker 3 : 1*

Zubereitungszeit: 40 Minuten
Haltbarkeit: kühl und dunkel gestellt 3–4 Monate

1. Die Feigen abspülen, abtropfen lassen, entstielen, schälen, in kleine Stücke schneiden und 1 kg abwiegen. Die Weintrauben abspülen, gut abtropfen lassen, entstielen, halbieren, in Stücke schneiden und 300 g abwiegen.

2. Vorbereitete Fruchtstücke mit Wein und Likör in einen großen Kochtopf geben, mit Super Gelierzucker verrühren. Die Zutaten unter Rühren bei starker Hitze zum Kochen bringen und unter ständigem Rühren mindestens 3 Minuten sprudelnd kochen lassen. Den Topf von der Kochstelle nehmen.

3. Das Kochgut evtl. abschäumen und sofort randvoll in vorbereitete Gläser füllen.

4. Die Gläser mit Twist-off-Deckeln® verschließen, umdrehen und etwa 5 Minuten auf den Deckeln stehen lassen.

Tipps: Statt Cassislikör nur Rotwein verwenden. Für Kinder den Rotwein und Likör durch roten Traubensaft ersetzen. Falls die Gelierprobe (1–2 Teelöffel von dem fertigen, heißen Kochgut auf einen Teller geben) nicht fest wird, 1 Päckchen Zitronensäure (5 g) gut unter die gekochte Konfitüre rühren und in die Gläser füllen.

Gelbe Pflaumen-Himbeer-Konfitüre

Raffiniert *(ohne Foto)*

etwa 5 Gläser je 200 ml

Insgesamt: E: 9 g, F: 2 g, Kh: 567 g, kJ: 10055, kcal: 2375, BE: 47,5

500 g gelbe Pflaumen (vorbereitet gewogen)
500 g Himbeeren (vorbereitet gewogen)
500 g Extra Gelierzucker 2 : 1

Zubereitungszeit: 45 Minuten
Haltbarkeit: kühl und dunkel gestellt etwa 1 Jahr

1. Die Pflaumen abspülen, gut abtropfen lassen, halbieren, entsteinen, in kleine Stücke schneiden und 500 g abwiegen.

2. Die Himbeeren verlesen, evtl. entstielen, vorsichtig abspülen, trocken tupfen und 500 g abwiegen.

3. Die vorbereiteten Früchte mit Extra Gelierzucker in einem großen Kochtopf gut verrühren. Die Zutaten unter Rühren bei starker Hitze zum Kochen bringen und unter ständigem Rühren mindestens 3 Minuten sprudelnd kochen lassen.

4. Das Kochgut evtl. abschäumen und sofort randvoll in vorbereitete Gläser füllen. Die Gläser mit Twist-off-Deckeln® verschließen, umdrehen und etwa 5 Minuten auf den Deckeln stehen lassen.

Gelbe Pflaumenkonfitüre mit Lavendelblüten

Zum Verschenken

etwa 7 Gläser je 200 ml

Insgesamt: E: 11 g, F: 3 g, Kh: 635 g, kJ: 11202, kcal: 2648, BE: 53,0

1 kg gelbe Pflaumen (vorbereitet gewogen)
1 Bio-Orange (unbehandelt, ungewachst)
400 g Orangenfilets mit -saft (vorbereitet gewogen, von der Bio-Orange und 2–3 weiteren Orangen)
etwa 5 Stängel getrocknete Lavendelblüten (unbehandelt)
oder 1 EL frische Lavendelblüten (unbehandelt)
500 g Super Gelierzucker 3 : 1

Zubereitungszeit: 50 Minuten
Haltbarkeit: kühl und dunkel gestellt 3–4 Monate

1. Pflaumen heiß abspülen, trocken tupfen, halbieren und entsteinen. 1 kg Fruchtfleisch abwiegen und in kleine Würfel schneiden.

2. Die Bio-Orange heiß abwaschen und abtrocknen. Die Schale möglichst dünn abschälen und in kurze, feine Streifen schneiden. Alle Orangen, auch die Bio-Orange, so schälen, dass die weiße Haut vollständig entfernt wird. Orangenfilets herausschneiden, dabei den Saft auffangen. Von den Orangenfilets und dem aufgefangen Saft insgesamt 400 g abwiegen. Die Orangenfilets in kleine Stücke schneiden.

3. Die Lavendelblüten von den Stängeln streifen.

4. Pflaumenwürfel, Orangenfiletstücke, Orangensaft und -schale mit Gelierzucker in einem großen Kochtopf gut verrühren.

5. Die Zutaten unter Rühren bei starker Hitze zum Kochen bringen und unter ständigem Rühren mindestens

3 Minuten sprudelnd kochen lassen. Den Topf von der Kochstelle nehmen.

6. Das Kochgut evtl. abschäumen. Die Lavendelblüten unter die Konfitüre rühren und sofort randvoll in vorbereitete Gläser füllen. Gläser mit Twist-off-Deckeln® verschließen, umdrehen und etwa 5 Minuten auf den Deckeln stehen lassen.

Tipps: Die Konfitüre schmeckt gut zu Vanilleeis mit Schokoladensauce. Statt gelber Pflaumen können auch Renekloden verwendet werden.

Geschichtetes Früchtetee-Gelee

Beliebt

etwa 5 Gläser je 200 ml

Insgesamt: E: 1 g, F: 1 g, Kh: 504 g, kJ: 8731, kcal: 2059, BE: 42,0

Für den Früchtetee:

500 ml (1/2 l) Wasser
5 Beutel Früchtetee
100 g Heidelbeeren (vorbereitet gewogen)

Für den Orangentee:

500 ml (1/2 l) Wasser
5 Beutel Rotbusch Tee Orange

Für das Fruchtgelee:

400 ml zubereiteter Früchtetee
250 g Extra Gelierzucker 2:1
1/2 Pck. Zitronensäure (2 1/2 g)

Für das Orangengelee:

1 Bio-Orange (unbehandelt, ungewachst)
400 ml zubereiteter Orangentee
250 g Extra Gelierzucker 2:1
1/2 Pck. Zitronensäure (2 1/2 g)

Zubereitungszeit: 45 Minuten, ohne Abkühlzeit
Haltbarkeit: kühl und dunkel gestellt 3–4 Monate

1. Für den Früchte- und Orangentee jeweils 500 ml (1/2 l) Wasser zum Kochen bringen und von der Kochstelle nehmen. Die Teebeutel jeweils hineingeben und je Teesorte 8 Minuten ziehen lassen. Die Beutel entfernen. Tee getrennt erkalten lassen.

2. Heidelbeeren verlesen, abspülen und gut abtropfen lassen.

3. Für das Fruchtgelee 400 ml von dem zubereiteten Früchtetee abmessen und in einen Kochtopf (etwa 2-Liter-Inhalt) geben. Mit Extra Gelierzucker und Zitronensäure gut verrühren. Alles unter Rühren bei starker Hitze zum Kochen bringen und unter ständigem Rühren mindestens 2 Minuten sprudelnd kochen lassen. Die Heidelbeeren hinzufügen, wieder zum Kochen bringen und noch 1 Minute unter ständigem Rühren sprudelnd kochen lassen. Den Topf von der Kochstelle nehmen.

4. Das Kochgut evtl. abschäumen und sofort bis zur Hälfte in vorbereitete Gläser füllen. Das Gelee etwa 20 Minuten abkühlen lassen.

5. In der Zwischenzeit die Orange heiß abwaschen, abtrocknen und die Schale mit einem Zestenreißer abziehen. Oder die Orange dünn schälen und die Schale in feine Streifen schneiden. 1 1/2 Esslöffel davon abmessen.

6. Für das Orangengelee 400 ml von dem zubereiteten Orangentee abmessen und in einen Kochtopf (etwa 2-Liter-Inhalt) geben. Mit Extra Gelierzucker und Zitronensäure gut verrühren. Alles unter Rühren bei starker Hitze zum Kochen bringen und unter ständigem Rühren mindestens 2 Minuten sprudelnd kochen lassen.

7. Die Orangenschale hinzufügen, wieder zum Kochen bringen und noch 1 Minute unter ständigem Rühren sprudelnd kochen lassen. Den Topf von der Kochstelle nehmen.

8. Das Kochgut evtl. abschäumen und vorsichtig in die Gläser auf das Früchtetee-Gelee geben (am besten die Flüssigkeit über einen Löffelrücken laufen lassen), bis die Gläser randvoll sind.

9. Die Gläser mit Twist-off-Deckeln® verschließen und erkalten lassen. Gläser nicht umdrehen, sonst laufen die Gelees ineinander.

Granatapfelgelee mit Bionade und Kokos

Aromatisch – köstlich

etwa 4 Gläser je 200 ml

Insgesamt: E: 5 g, F: 13 g, Kh: 481 g, kJ: 8761, kcal: 2091, BE: 40,0

400 ml	*Granatapfel-Mehrfruchtgetränk*
330 ml	*Bionade Ingwer Orange (Biologisches Erfrischungsgetränk)*
20 g	*Kokosraspel*
4 Stängel	*Minze*
400 g	*Zucker*
1 Beutel	*Gelfix Extra 2:1 (25 g)*
1 Pck.	*Zitronensäure (5 g)*

Zubereitungszeit: 35 Minuten
Haltbarkeit: kühl und dunkel gestellt 3–4 Monate

1. Granatapfelsaft mit Bionade Ingwer Orange und Kokosraspeln in einen großen Kochtopf geben. Minze abspülen und trocken tupfen. Die Blättchen von den Stängeln zupfen. Große Blättchen halbieren.

2. Die abgewogene Zuckermenge mit Gelfix Extra mischen, zu dem Saft in den Topf geben und gut verrühren. Die Zutaten unter Rühren bei starker Hitze zum Kochen bringen und unter ständigem Rühren mindestens 3 Minuten sprudelnd kochen lassen. Die Zitronensäure unterrühren und den Topf von der Kochstelle nehmen.

3. Das Kochgut evtl. abschäumen. Minzeblättchen in den vorbereiteten Gläsern verteilen. Den heißen Saft sofort randvoll in die Gläser füllen.

4. Die Gläser mit Twist-off-Deckeln® verschließen, umdrehen und etwa 5 Minuten auf den Deckeln stehen lassen.

5. Die Gläser während des Erkaltens gelegentlich umdrehen, damit sich die Kokosraspel und Minzeblättchen gleichmäßig verteilen.

Tipps: Statt 400 ml Granatapfel-Mehrfruchtgetränk 100 ml Grenadine-Sirup und 300 ml Granatapfel-Mehrfruchtgetränk verwenden. Das Granatapfelgelee schmeckt sehr gut zu geräucherter Entenbrust oder Ziegenkäse.

Grapefruitgelee mit Zitronenmelisse

Raffiniert – aromatisch

etwa 5 Gläser je 200 ml

Insgesamt: E: 5 g, F: 1 g, Kh: 1091 g, kJ: 18850, kcal: 4508, BE: 91,0

850 ml	*frisch gepresster Grapefruitsaft*
1 Beutel	*Gelfix Classic 1 : 1 (20 g)*
1 kg	*Zucker*
2 EL	*klein geschnittene Zitronenmelisseblättchen*

Zubereitungszeit: 25 Minuten
Haltbarkeit: kühl und dunkel gestellt 3–4 Monate

1. Den Grapefruitsaft in einen großen Kochtopf geben. Gelfix Classic zuerst mit 2 Esslöffeln der abgewogenen Zuckermenge mischen, dann mit dem Grapefruitsaft gut verrühren.

2. Die Zutaten unter Rühren bei starker Hitze zum Kochen bringen. Sobald alles bei ständigem Rühren sprudelnd kocht, den restlichen abgewogenen Zucker hinzufügen.

3. Alles unter Rühren wieder zum Kochen bringen und unter ständigem Rühren mindestens 3 Minuten sprudelnd kochen lassen. Die Zitronenmelisse unterrühren. Den Topf von der Kochstelle nehmen.

4. Das Kochgut evtl. abschäumen und sofort randvoll in vorbereitete Gläser füllen.

5. Die Gläser mit Twist-off-Deckeln® verschließen, umdrehen und etwa 5 Minuten auf den Deckeln stehen lassen.

Tipps: Um 850 ml frisch gepressten Grapefruitsaft zu bekommen, werden etwa 7 Grapefruits benötigt. Es können auch Pink-Grapefruits verwendet werden, sie sind etwas milder im Geschmack.

Grapefruitmarmelade

Gut vorzubereiten *(ohne Foto)*
5–6 Gläser je 200 ml

Insgesamt: E: 6 g, F: 2 g, Kh: 1077 g, kJ: 18689, kcal: 4472, BE: 90,0

900 g Grapefruit-Fruchtfleisch und -schale (vorbereitet gewogen, von 4–6 Grapefruits, davon 1 Bio-Grapefruit, [unbehandelt, ungewachst])
1 Beutel Gelfix Classic 1 : 1 (20 g)
1 kg Zucker

Zubereitungszeit: 40 Minuten
Haltbarkeit: kühl und dunkel gestellt etwa 1 Jahr

1. Die Bio-Grapefruit heiß abwaschen, abtrocknen, die Schale abreiben und 25 g abwiegen.

2. Alle Grapefruits so schälen, dass die weiße Haut vollständig entfernt wird. Grapefruits in Stücke schneiden, dabei die Haut entfernen.

3. Von den Grapefruitstücken und der -schale insgesamt 900 g abwiegen und in einen großen Kochtopf geben.

4. Gelfix Classic zuerst mit 2 Esslöffel der abgewogenen Zuckermenge mischen, dann mit der Grapefruitmasse gut verrühren.

5. Die Zutaten unter Rühren bei starker Hitze zum Kochen bringen. Sobald alles bei ständigem Rühren sprudelnd kocht, restlichen Zucker hinzufügen.

6. Alles unter Rühren wieder zum Kochen bringen, unter ständigem Rühren mindestens 3 Minuten sprudelnd kochen lassen. Topf von der Kochstelle nehmen.

7. Das Kochgut evtl. abschäumen und sofort randvoll in vorbereitete Gläser füllen.

8. Die Gläser mit Twist-off-Deckeln® verschließen, umdrehen und etwa 5 Minuten auf den Deckeln stehen lassen.

Grapefruit-Physalis-Konfitüre

Exotisch
etwa 5 Gläser je 200 ml

Insgesamt: E: 9 g, F: 3 g, Kh: 578 g, kJ: 10512, kcal: 2484, BE: 48,0

800 g geschälte Pink-Grapefruitfilets (vorbereitet gewogen)
200 g Physalis (Kapstachelbeeren, vorbereitet gewogen)
500 g Extra Gelierzucker 2 : 1

Zubereitungszeit: 45 Minuten
Haltbarkeit: kühl und dunkel gestellt 3–4 Monate

1. Die Grapefruits so schälen, dass die weiße Haut vollständig entfernt wird. Grapefruits filetieren, 800 g abwiegen, in einen großen Kochtopf geben und mit einem Stabmixer pürieren.

2. Die Physalis enthäuten, abspülen, gut abtropfen lassen, entstielen und 200 g abwiegen. Physalis in Viertel schneiden, mit dem Extra Gelierzucker zu dem Grapefruitpüree in den Topf geben und gut verrühren.

3. Die Zutaten unter Rühren bei starker Hitze zum Kochen bringen und unter ständigem Rühren mindestens 3 Minuten sprudelnd kochen lassen. Den Topf von der Kochstelle nehmen.

4. Das Kochgut evtl. abschäumen und sofort randvoll in vorbereitete Gläser füllen. Die Gläser mit Twist-off-Deckeln® verschließen, umdrehen und etwa 5 Minuten auf den Deckeln stehen lassen.

Tipp: Um 800 g Grapefruitfilets zu bekommen, benötigt man 5–6 Pink-Grapefruits.

Heidelbeerkonfitüre

Süßer Genuss

6–7 Gläser je 200 ml

Insgesamt: E: 6 g, F: 6 g, Kh: 1214 g, kJ: 20944, kcal: 5013, BE: 101,0

1 kg Heidelbeeren (vorbereitet gewogen)
1 Beutel Gelfix Classic 1 : 1 (20 g)
1150 g Zucker

Zubereitungszeit: 40 Minuten
Haltbarkeit: kühl und dunkel gestellt etwa 1 Jahr

1. Die Heidelbeeren verlesen, abspülen, gut abtropfen lassen und 1 kg abwiegen. Die Heidelbeeren in einen großen Kochtopf geben und mit einem Stabmixer fein pürieren.

2. Gelfix Classic zuerst mit 2 Esslöffeln der abgewogenen Zuckermenge mischen, dann mit der Heidelbeermasse gut verrühren.

3. Die Zutaten unter Rühren bei starker Hitze zum Kochen bringen und unter ständigem Rühren mindestens 3 Minuten sprudelnd kochen lassen. Den Topf von der Kochstelle nehmen.

4. Das Kochgut evtl. abschäumen und sofort randvoll in vorbereitete Gläser füllen. Die Gläser mit Twist-off-Deckeln® verschließen, umdrehen und etwa 5 Minuten auf den Deckeln stehen lassen.

Tipps: Abgeriebene Schale von 1 heiß abgewaschen und abgetrockneten Bio-Zitrone oder -Orange (unbehandelt, ungewachst) mitkochen und zuletzt 2–3 Esslöffel von dem Zitronen- oder Orangensaft unter die Konfitüre rühren.

Heidelbeerkonfitüre mit Vanille

Fruchtig – raffiniert

etwa 7 Gläser je 200 ml

Insgesamt: E: 10 g, F: 7 g, Kh: 599 g, kJ: 10961, kcal: 2586, BE: 50,0

1 kg	*TK-Heidelbeeren*
500 ml (1/2 l)	*Orangensaft (Handelsware)*
1 Pck.	*Dr. Oetker Finesse Bourbon-Vanille-Aroma*
500 g	*Super Gelierzucker 3 : 1*

Zubereitungszeit: 15 Minuten, ohne Auftauzeit
Haltbarkeit: kühl und dunkel gestellt etwa 1 Jahr

1. Heidelbeeren nach Packungsanleitung auftauen lassen, dabei den entstehenden Saft auffangen.

2. Die Heidelbeeren mit dem Saft, Orangensaft und Vanille-Aroma in einem großen Kochtopf mit Super Gelierzucker gut verrühren. Die Zutaten unter Rühren bei starker Hitze zum Kochen bringen und unter ständigem Rühren mindestens 3 Minuten sprudelnd kochen lassen. Den Topf von der Kochstelle nehmen.

3. Das Kochgut evtl. abschäumen und sofort randvoll in vorbereitete Gläser füllen. Die Gläser mit Twist-off-Deckeln® verschließen, umdrehen und etwa 5 Minuten auf den Deckeln stehen lassen.

Tipp: Anstelle von TK-Heidelbeeren können Sie auch frische Kulturheidelbeeren verwenden. Dann sollten Sie allerdings die Hälfte der Beeren pürieren.

Variante: **Beschwipste Heidelbeerkonfitüre mit Vanille.** 100 ml Orangensaft kann durch 100 ml Rum (37 Vol.-%) ersetzt werden. Den Rum jedoch erst nach dem Kochen unterrühren.

Himbeergelee mit ganzen Früchten

Raffiniert – zum Verschenken

etwa 4 Gläser je 200 ml

Insgesamt: E: 4 g, F: 2 g, Kh: 537 g, kJ: 9951, kcal: 2250, BE: 45,0

1 1/4 kg	*TK-Himbeeren oder frische Himbeeren*
125 ml (1/8 l)	*Orangensaft (Handelsware)*
500 g	*Extra Gelierzucker 2:1*
1 Pck.	*Zitronensäure (5 g)*

Außerdem:

1	*Geschirrtuch (Mulltuch)*

Zubereitungszeit: 40 Minuten, ohne Auftau- und Abtropfzeit
Haltbarkeit: kühl und dunkel gestellt 2–3 Monate

1. 1125 g TK-Himbeeren in einen Topf geben und auftauen lassen. Restliche Himbeeren (125 g) auf einen Teller legen, ebenfalls auftauen und gut abtropfen lassen. Oder frische Himbeeren entstielen, kurz abspülen, gut abtropfen lassen und 1 1/4 kg abwiegen. 1125 g der Himbeeren in einen Topf geben. Die restlichen Himbeeren beiseitelegen.

2. Die Himbeeren bei schwacher Hitze zum Kochen bringen, evtl. 1–2-mal umrühren, und 2–3 Minuten kochen lassen.

3. Ein großes Küchensieb mit einem feuchten Geschirrtuch (Mulltuch) auslegen und über eine Schüssel hängen. Die Himbeermasse hineingeben und abtropfen lassen, dabei den Saft auffangen. Die Himbeermasse mithilfe des Tuches ausdrücken und ebenfalls den Saft auffangen. Von dem Himbeersaft insgesamt 500 ml (1/2 l) abmessen.

4. Den Himbeersaft und Orangensaft in einen großen Kochtopf geben, mit Extra Gelierzucker und Zitronensäure gut verrühren. Die Zutaten unter Rühren bei starker Hitze zum Kochen bringen und unter ständigem Rühren mindestens 3 Minuten sprudelnd kochen lassen. Den Topf von der Kochstelle nehmen.

5. Die restlichen Himbeeren (125 g) hinzugeben und nochmals kurz aufkochen lassen. Den Topf wieder von der Kochstelle nehmen.

6. Das Kochgut evtl. abschäumen und sofort randvoll in vorbereitete Gläser füllen. Die Gläser mit Twist-off-Deckeln® verschließen, umdrehen und etwa 5 Minuten auf den Deckeln stehen lassen. Die Gläser während des Erkaltens gelegentlich umdrehen, damit sich die Himbeeren gleichmäßig verteilen.

Himbeerkonfitüre

Klassisch *(ohne Foto)*

7–8 Gläser je 200 ml

Insgesamt: E: 13 g, F: 3 g, Kh: 1202 g, kJ: 20834, kcal: 4983, BE: 100,0

1 kg	*Himbeeren (vorbereitet gewogen)*
1 Beutel	*Gelfix Classic 1:1 (20 g)*
1150 g	*Zucker*

Zubereitungszeit: 30 Minuten
Haltbarkeit: kühl und dunkel gestellt etwa 1 Jahr

1. Himbeeren verlesen, evtl. entstielen, vorsichtig abspülen, gut trocken tupfen und 1 kg abwiegen.

2. Die Himbeeren in einen großen Kochtopf geben und etwas zerdrücken, am besten mit einem Stampfer. Gelfix Classic zuerst mit 2 Esslöffeln der abgewogenen Zuckermenge mischen, dann mit dem Himbeermus gut verrühren.

3. Die Zutaten unter Rühren bei starker Hitze zum Kochen bringen. Sobald alles bei ständigem Rühren sprudelnd kocht, restlichen Zucker hinzufügen. Alles unter Rühren wieder zum Kochen bringen und unter ständigem Rühren mindestens 3 Minuten sprudelnd kochen lassen. Den Topf von der Kochstelle nehmen.

4. Das Kochgut evtl. abschäumen und sofort randvoll in vorbereitete Gläser füllen. Die Gläser mit Twist-off-Deckeln® verschließen, umdrehen und etwa 5 Minuten auf den Deckeln stehen lassen.

Himbeer-Mango-Konfitüre

Süßer Genuss

etwa 5 Gläser je 200 ml

Insgesamt: E: 10 g, F: 4 g, Kh: 571 g, kJ: 10246, kcal: 2420, BE: 47,5

600 g Himbeeren (vorbereitet gewogen)
400 g Mango (vorbereitet gewogen)
500 g Extra Gelierzucker 2:1

Zubereitungszeit: 25 Minuten
Haltbarkeit: kühl und dunkel gestellt 3–4 Monate

1. Himbeeren verlesen, evtl. abspülen, trocken tupfen, entstielen und 600 g abwiegen. Mango halbieren und den Stein herauslösen. Die Mangohälften schälen, in kleine Stücke schneiden und 400 g abwiegen.

2. Vorbereitete Früchte in einem großen Kochtopf mit Extra Gelierzucker gut verrühren. Die Zutaten unter Rühren bei starker Hitze zum Kochen bringen und unter ständigem Rühren mindestens 3 Minuten sprudelnd kochen lassen. Den Topf von der Kochstelle nehmen.

3. Das Kochgut evtl. abschäumen und sofort randvoll in vorbereitete Gläser füllen.

4. Die Gläser mit Twist-off-Deckeln® verschließen, umdrehen und etwa 5 Minuten auf den Deckeln stehen lassen.

Tipp: Anstelle von frischen Himbeeren können Sie auch TK-Himbeeren verwenden. Himbeeren tiefgekühlt abwiegen, auftauen lassen und den entstehenden Saft bei der Zubereitung mitverwenden.

Variante: **Himbeer-Mango-Konfitüre mit Orangenlikör.** Rühren Sie direkt nach dem Kochen 50 ml Orangenlikör (z. B. Cointreau, Grand Marnier) unter die Konfitüre.

Himbeer-Nashi-Konfitüre

Raffiniert

etwa 5 Gläser je 200 ml

Insgesamt: E: 10 g, F: 3 g, Kh: 566 g, kJ: 10150, kcal: 2396, BE: 47,0

600 g Himbeeren (vorbereitet gewogen)
400 g Nashi-Fruchtfleisch (vorbereitet gewogen, von 2–3 Nashi-Früchten)
500 g Extra Gelierzucker 2:1

Zubereitungszeit: 35 Minuten
Haltbarkeit: kühl und dunkel gestellt 3–4 Monate

1. Die Himbeeren verlesen, evtl. abspülen, abtropfen lassen, entstielen und 600 g abwiegen. Nashi-Früchte schälen, vierteln, entkernen, in kleine Stücke schneiden und 400 g abwiegen. Vorbereitete Früchte in einen großen Kochtopf geben und mit Extra Gelierzucker gut verrühren.

2. Die Zutaten unter Rühren bei starker Hitze zum Kochen bringen und unter ständigem Rühren mindestens 3 Minuten sprudelnd kochen lassen. Den Topf von der Kochstelle nehmen.

3. Das Kochgut evtl. abschäumen und sofort randvoll in vorbereitete Gläser füllen. Die Gläser mit Twist-off-Deckeln® verschließen, umdrehen und etwa 5 Minuten auf den Deckeln stehen lassen.

Tipps: Nashi-Frucht ist eine sogenannte japanische Birne. Der Geschmack erinnert an Birne oder Apfelbirne. Statt frische Himbeeren TK-Himbeeren verwenden.

Holunderblüten-Apfel-Gelee

Etwas Besonderes *(ohne Foto)*
etwa 6 Gläser je 200 ml

Insgesamt: E: 18 g, F: 12 g, Kh: 1046 g, kJ: 18493, kcal: 4424, BE: 87,0

1 ½ kg	*reife Äpfel (vorbereitet gewogen)*
1 l	*Wasser*
12–14	*Holunderblütendolden*
1 Beutel	*Gelfix Classic 1 : 1 (20 g)*
1 kg	*Zucker*
1 Pck.	*Zitronensäure (5 g)*

Außerdem:

1	*Geschirrtuch (Mulltuch)*

Zubereitungszeit: 50 Minuten, ohne Abtropf- und Ziehzeit
Haltbarkeit: kühl und dunkel gestellt 3–4 Monate

1. Die Äpfel abspülen, abtropfen lassen und von den Blütenansätzen und Stielen befreien. Die Äpfel klein schneiden und 1 1/2 kg abwiegen.

2. Die Apfelstücke mit dem Wasser in einem Topf zum Kochen bringen. Apfelstücke weich kochen lassen. Die Apfelmasse auf ein gespanntes Geschirrtuch (Mulltuch) geben, den Saft gut abtropfen lassen und auffangen (nicht auspressen).

3. Von dem Apfelsaft 900 ml abmessen (evtl. mit Wasser ergänzen) und in einen Topf geben.

4. Die Holunderblütendolden gründlich ausschütteln. Anschließend unter fließendem kalten Wasser abspülen, abtropfen lassen und zu dem Apfelsaft in den Topf geben. Die Zutaten bis kurz vor dem Kochen erhitzen (nicht kochen) und anschließend 24 Stunden stehen lassen.

5. Die Flüssigkeit durch ein Sieb gießen, 850 ml abmessen und in einen großen Kochtopf geben.

6. Gelfix Classic zuerst mit 2 Esslöffeln der abgewogenen Zuckermenge mischen, dann mit dem Apfel-Holunder-Saft gut verrühren. Die Zutaten unter Rühren bei starker Hitze zum Kochen bringen. Sobald alles bei ständigem Rühren sprudelnd kocht, restlichen Zucker und Zitronensäure hinzufügen.

7. Alles unter Rühren wieder zum Kochen bringen und unter ständigem Rühren mindestens 3 Minuten sprudelnd kochen lassen.

8. Das Kochgut evtl. abschäumen und sofort randvoll in vorbereitete Gläser füllen. Gläser mit Twist-off-Deckeln® verschließen, umdrehen und etwa 5 Minuten auf den Deckeln stehen lassen.

Holundergelee

Aromatisch
etwa 6 Gläser je 200 ml

Insgesamt: E: 18 g, F: 12 g, Kh: 1046 g, kJ: 18493, kcal: 4424, BE: 87,0

1 1/2 kg	*reife Holunderbeeren (vorbereitet gewogen)*
375 ml (3/8 l)	*Wasser*
1 Beutel	*Gelfix Classic 1 : 1 (20 g)*
1 kg	*Zucker*
1 Pck.	*Zitronensäure (5 g)*

Außerdem:

1	*Geschirrtuch (Mulltuch)*

Zubereitungszeit: 45 Minuten, ohne Saftzieh- und Abtropfzeit
Haltbarkeit: kühl und dunkel gestellt 3–4 Monate

1. Holunderbeeren abspülen, abtropfen lassen und mit einer Gabel die Beeren von den Dolden streifen. Von den Holunderbeeren 1 1/2 kg abwiegen und in einen Topf geben. Wasser hinzugießen und aufkochen lassen. Den Topf von der Kochstelle nehmen. Die Holunderbeermasse etwa 60 Minuten stehen lassen.

2. Ein großes Sieb mit einem feuchten Geschirrtuch (Mulltuch) auslegen. Die Holundermasse hineingeben, abtropfen lassen und den Saft auffangen. Von dem

Holundersaft 800 ml abmessen und in einen großen Kochtopf geben.

3. Gelfix Classic zuerst mit 2 Esslöffeln der abgewogenen Zuckermenge mischen, dann mit dem Holundersaft gut verrühren.

4. Die Zutaten unter Rühren bei starker Hitze zum Kochen bringen. Sobald alles bei ständigem Rühren sprudelnd kocht, restlichen Zucker und Zitronensäure hinzufügen.

5. Alles unter Rühren wieder zum Kochen bringen und unter ständigem Rühren mindestens 3 Minuten sprudelnd kochen lassen. Den Topf von der Kochstelle nehmen.

6. Das Kochgut evtl. abschäumen und sofort randvoll in vorbereitete Gläser füllen.

7. Die Gläser mit Twist-off-Deckeln® verschließen, umdrehen und etwa 5 Minuten auf den Deckeln stehen lassen.

Holundergelee mit Schuss

Mit Alkohol

etwa 6 Gläser je 200 ml

Insgesamt: E: 16 g, F: 12 g, Kh: 1060 g, kJ: 19207, kcal: 4591, BE: 88,5

800 ml	*Holunderbeersaft (ungesüßt, von etwa 1 3/4 kg Holunderbeeren ohne Dolden)*
1 Pck.	*Zitronensäure (5 g)*
1 Beutel	*Gelfix Classic 1 : 1 (20 g)*
1 kg	*Zucker*
½ TL	*gemahlener Zimt*
1 Msp.	*gemahlene Nelken*
50 ml	*Rum*

Zubereitungszeit: 40 Minuten, ohne Entsaftungs- und Abkühlzeit
Haltbarkeit: kühl und dunkel gestellt 3–4 Monate

1. Die Holunderbeeren abspülen, abtropfen lassen und mithilfe eines Schnellkochtopfes oder Dampfentsafters entsaften (Gebrauchsanleitung des Geräteherstellers beachten). Den Saft abkühlen lassen und 800 ml abmessen.

2. Den Holunderbeersaft mit Zitronensäure in einem großen Kochtopf verrühren.

3. Gelfix Classic zuerst mit 2 Esslöffeln der abgewogenen Zuckermenge mischen. Dann mit dem Holunderbeersaft gut verrühren. Zimt und Nelken hinzugeben.

4. Die Zutaten unter Rühren bei starker Hitze zum Kochen bringen. Sobald alles bei ständigem Rühren sprudelnd kocht, restlichen Zucker hinzufügen.

5. Alles unter Rühren wieder zum Kochen bringen und unter ständigem Rühren mindestens 3 Minuten sprudelnd kochen lassen. Den Topf von der Kochstelle nehmen. Rum unterrühren.

6. Das Kochgut evtl. abschäumen und sofort randvoll in vorbereitete Gläser füllen. Die Gläser mit Twist-off-Deckeln® verschließen, umdrehen und etwa 5 Minuten auf den Deckeln stehen lassen.

Wichtig: Roh sind Holunderbeeren nicht genießbar (Vergiftungsgefahr: Brechreiz, Verdauungsprobleme).

Tipp: Wer keinen Schnellkochtopf oder Dampfentsafter besitzt, kann die geputzten Holunderbeeren auch knapp mit Wasser (etwa 125 ml [1/8 l]) bedeckt in einem Topf zum Kochen bringen. Holunderbeeren bei schwacher Hitze weich, aber nicht musig kochen. Dann ein großes Sieb mit einem feuchten Geschirrtuch (Mulltuch) auslegen und über eine Schüssel hängen. Den Holunderbeerbrei daraufgeben, den Saft abtropfen lassen und auffangen. Den Fruchtbrei nach dem Erkalten (über Nacht) mithilfe des Tuches ausdrücken. Von dem Saft 800 ml abmessen, evtl. mit Wasser ergänzen. Danach weiter wie im Rezept beschrieben verfahren.

Warenkunde: Schwarze Holunderbeeren sind in ganz Deutschland heimisch. Die weiß blühenden Büsche wachsen an Waldrändern, Mauern oder Zäunen. Die glänzenden violett-schwarzen Beeren wachsen an Dolden und sind im Herbst reif. Für die Zubereitung reife Holunderbeeren abspülen, abtropfen lassen und mit einer Gabel die Beeren von den Dolden streifen, dann wie im Rezept beschrieben weiterverarbeiten.

Holunder-Trauben-Gelee mit Quitten

Einfach

etwa 6 Gläser je 200 ml

Insgesamt: E: 8 g, F: 12 g, Kh: 625 g, kJ: 11324, kcal: 2675, BE: 52,0

500 ml (1/2 l)	***Holunderbeersaft (ungesüßt, von etwa 1,4 kg Holunderbeeren oder Handelsware)***
250 g	***Quitten (vorbereitet gewogen)***
500 ml (1/2 l)	***heller Traubensaft (ungesüßt, Handelsware)***
500 g	***Super Gelierzucker 3:1***

Zubereitungszeit: 50 Minuten, ohne Entsaftungs- und Abkühlzeit
Haltbarkeit: kühl und dunkel gestellt etwa 1 Jahr

1. Die Holunderbeeren abspülen, abtropfen lassen und mithilfe eines Schnellkochtopfes oder Dampfentsafters entsaften (Gebrauchsanleitung des Geräteherstellers beachten).

2. Den Holunderbeersaft abkühlen lassen und 500 ml (1/2 l) abmessen.

3. Die Quitten mit einem Tuch trocken abreiben, um den Flaum zu entfernen. Quitten abspülen, abtropfen lassen, halbieren, Kerne und Blütenansätze entfernen.

4. Die Quittenhälften in kleine Stücke schneiden und 250 g abwiegen.

5. Holunder-, Traubensaft und Quittenstücke in einem großen Kochtopf mit Super Gelierzucker gut verrühren.

6. Alles unter Rühren bei starker Hitze zum Kochen bringen und unter ständigem Rühren mindestens 3 Minuten sprudelnd kochen lassen. Den Topf von der Kochstelle nehmen.

7. Das Kochgut evtl. abschäumen und sofort randvoll in vorbereitete Gläser füllen.

8. Die Gläser mit Twist-off-Deckeln® verschließen, umdrehen und etwa 5 Minuten auf den Deckeln stehen lassen.

9. Die Gläser während des Erkaltens gelegentlich umdrehen, damit sich die Quittenstücke besser verteilen.

Wichtig: Roh sind Holunderbeeren nicht genießbar (Vergiftungsgefahr: Brechreiz, Verdauungsprobleme).

Tipp: Sie können den hellen Traubensaft auch durch Apfelsaft (Direktsaft) ersetzen. Ebenfalls sehr gut schmeckt der Gelee, wenn Sie statt 500 ml hellen Traubensaft 300 ml hellen Traubensaft und 200 ml Sekt verwenden.

Variante 1: Holunder-Weißwein-Gelee. Bereiten Sie das Gelee statt mit Traubensaft mit Weißwein zu.

Variante 2: Holunder-Trauben-Gelee mit Birnen. Ersetzen Sie die Quittenstückchen durch Birnenstückchen, die Birnen jedoch vorher schälen.

Johannisbeer-Apfel-Gelee

Süßer Genuss

etwa 4 Gläser je 200 ml

Insgesamt: E: 6 g, F: 1 g, Kh: 544 g, kJ: 9634, kcal: 2274, BE: 45,5

600 ml	*Johannisbeersaft (von etwa 1 1/4 kg Johannisbeeren, vorbereitet gewogen)*
50 ml	*klarer Apfelsaft (Handelsware)*
500 g	*Extra Gelierzucker 2 : 1*

Zubereitungszeit: 50 Minuten
Haltbarkeit: kühl und dunkel gestellt 3–4 Monate

1. Johannisbeeren abspülen, gut abtropfen lassen und verlesen. Johannisbeeren mithilfe eines Schnellkochtopfes oder Dampfentsafters entsaften (Gebrauchsanleitung des Geräteherstellers beachten). Von dem Johannisbeersaft 600 ml abmessen.

2. Johannisbeer-, Apfelsaft und Gelierzucker in einem großen Kochtopf gut verrühren.

3. Die Zutaten unter Rühren bei starker Hitze zum Kochen bringen und unter ständigem Rühren mindestens 3 Minuten sprudelnd kochen lassen. Den Topf von der Kochstelle nehmen.

4. Das Kochgut evtl. abschäumen und sofort randvoll in vorbereitete Gläser füllen. Die Gläser mit Twist-off-Deckeln® verschließen, umdrehen und etwa 5 Minuten auf den Deckeln stehen lassen.

Tipp: Statt Apfelsaft 150 ml klaren Apfelwein nehmen.

Johannisbeergelee

Mit Alkohol

etwa 5 Gläser je 200 ml

Insgesamt: E: 8 g, F: 2 g, Kh: 1051 g, kJ: 18702, kcal: 4473, BE: 87,5

750 ml	*Johannisbeersaft (von etwa 1 kg roten Johannisbeeren, vorbereitet gewogen)*
500 g	*schwarze Johannisbeeren (vorbereitet gewogen)*
1 Beutel	*Gelfix Classic 1 : 1 (20 g)*
1 kg	*Zucker*
125 ml (1/8 l)	*trockener Sherry*

Zubereitungszeit: 45 Minuten
Haltbarkeit: kühl und dunkel gestellt etwa 1 Jahr

1. Die roten und schwarzen Johannisbeeren abspülen, abtropfen lassen und verlesen. Die Johannisbeeren im Schnellkochtopf oder Dampfentsafter entsaften (Gebrauchsanleitung des Geräteherstellers beachten). Von dem Saft 725 ml abmessen.

2. Den Johannisbeersaft in einen großen Kochtopf geben. Gelfix Classic zuerst mit 2 Esslöffeln der abgewogenen Zuckermenge mischen, dann mit dem Johannisbeersaft gut verrühren.

3. Die Zutaten unter Rühren bei starker Hitze zum Kochen bringen. Sobald alles bei ständigem Rühren sprudelnd kocht, restlichen Zucker hinzufügen. Alles unter Rühren wieder zum Kochen bringen und unter ständigem Rühren mindestens 3 Minuten sprudelnd kochen lassen. Den Topf von der Kochstelle nehmen.

4. Das Kochgut evtl. abschäumen, Sherry unterrühren und nochmals kurz erhitzen. Kochgut sofort randvoll in vorbereitete Gläser füllen. Die Gläser mit Twist-off-Deckeln® verschließen, umdrehen und etwa 5 Minuten auf den Deckeln stehen lassen.

Johannisbeergelee mit Rosmarin

Für Gäste – aromatisch

etwa 4 Gläser je 200 ml

Insgesamt: E: 4 g, F: 1 g, Kh: 558 g, kJ: 9608, kcal: 2296, BE: 46,5

500 g	*Johannisbeeren (vorbereitet gewogen)*
300 ml	*Wasser*
250 ml (1/4 l)	*klarer Apfelsaft (Handelsware)*
1 TL	*fein geschnittene Rosmarinnadeln*
500 g	*Zucker*
1 Beutel	*Gelfix Extra 2:1 (25 g)*

Außerdem:

1 Geschirrtuch (Mulltuch)

Zubereitungszeit: 45 Minuten, ohne Saftzieh- und Abtropfzeit
Haltbarkeit: kühl und dunkel gestellt 3–4 Monate

1. Johannisbeeren putzen, abspülen, trocken tupfen und entstielen. Von den Johannisbeeren 500 g abwiegen und in einen Topf geben. Wasser hinzugießen und zum Kochen bringen. Den Topf von der Kochstelle nehmen. Johannisbeermasse etwa 10 Minuten ziehen lassen.

2. Ein großes Küchensieb mit einem feuchten Geschirrtuch (Mulltuch) auslegen und über eine Schüssel hängen. Die Johannisbeermasse hineingeben und abtropfen lassen, dabei den Saft auffangen.

3. Anschließend die Johannisbeermasse mithilfe des Geschirrtuches ausdrücken und ebenfalls den Saft auffangen. Von dem Saft insgesamt 500 ml (1/2 l) abmessen und in einen großen Kochtopf geben. Apfelsaft und Rosmarin unterrühren.

4. Die abgewogene Zuckermenge mit Gelfix Extra mischen, dann mit der Johannisbeer-Apfelsaft-Mischung gut verrühren.

5. Die Zutaten unter Rühren bei starker Hitze zum Kochen bringen und unter ständigem Rühren mindestens 3 Minuten sprudelnd kochen lassen. Den Topf von der Kochstelle nehmen.

6. Das Kochgut evtl. abschäumen und sofort randvoll in vorbereitete Gläser füllen. Die Gläser mit Twist-off-Deckeln® verschließen, umdrehen und etwa 5 Minuten auf den Deckeln stehen lassen.

Tipps: Statt der frischen Johannisbeeren können auch TK-Johannisbeeren verwendet werden. Statt 250 ml (1/4 l) Apfelsaft 125 ml (1/8 l) Weißwein und 125 ml (1/8 l) Apfelsaft verwenden. Das Gelee zu geräuchertem Fleisch, z. B. Gänsebrust, reichen.

Johannisbeergelee mit Zitronenthymian

Fruchtig – würzig

etwa 5 Gläser je 200 ml

Insgesamt: E: 8 g, F: 1 g, Kh: 694 g, kJ: 12275, kcal: 2899, BE: 58,0

900 ml	*Johannisbeersaft (von etwa 1 ½ kg roten Johannisbeeren, vorbereitet gewogen)*
4 Stängel	*Zitronenthymian*
500 g	*Extra Gelierzucker 2 : 1*

Zubereitungszeit: 45 Minuten
Haltbarkeit: kühl und dunkel gestellt 3–4 Monate

1. Die Johannisbeeren abspülen, abtropfen lassen und verlesen. Die Johannisbeeren im Schnellkochtopf oder Dampfentsafter entsaften (Gebrauchsanleitung des Geräteherstellers beachten) und 900 ml Saft abmessen.

2. Zitronenthymian abspülen und trocken tupfen. Die Blättchen von den Stängeln zupfen.

3. Fruchtsaft und Extra Gelierzucker in einem großen Kochtopf gut verrühren. Die Zutaten unter Rühren bei starker Hitze zum Kochen bringen und unter ständigem Rühren mindestens 3 Minuten sprudelnd kochen lassen. Den Topf von der Kochstelle nehmen.

4. Das Kochgut evtl. abschäumen. Thymianblättchen unter das Gelee rühren und sofort randvoll in vorbereitete Gläser füllen.

5. Die Gläser mit Twist-off-Deckeln® verschließen, umdrehen und etwa 5 Minuten auf den Deckeln stehen lassen.

6. Die Gläser während des Erkaltens gelegentlich umdrehen, damit sich die Thymianblättchen gleichmäßig verteilen.

Tipps: Rühren Sie bei Punkt 3 noch 1 Päckchen Dr. Oetker Bourbon-Vanille-Zucker mit dem Gelierzucker unter den Fruchtsaft. Oder ersetzen Sie 400 ml Johannisbeersaft durch 400 ml trockenen Weißwein. Das Gelee schmeckt wunderbar auf dunklem Brot oder Pumpernickel oder zu kurz gebratenem Fleisch oder frittierten Geflügelstücken.

Johannisbeer-Kirsch-Konfitüre

Klassisch

etwa 5 Gläser je 200 ml

Insgesamt: E: 17 g, F: 19 g, Kh: 576 g, kJ: 11085, kcal: 2620, BE: 48,0

500 ml (1/2 l)	*Johannisbeersaft (von etwa 800 g roten Johannisbeeren)*
500 g	*Sauerkirschen (vorbereitet gewogen)*
30 g	*Pinienkerne*
1 Pck.	*Dr. Oetker Finesse Bourbon-Vanille-Aroma*
500 g	*Extra Gelierzucker 2:1*

Zubereitungszeit: 35 Minuten, ohne Entsaftungs- und Abkühlzeit
Haltbarkeit: kühl und dunkel gestellt 3–4 Monate

1. Johannisbeeren abspülen, abtropfen lassen und verlesen. Johannisbeeren mithilfe eines Schnellkochtopfes oder Dampfentsafters entsaften (Gebrauchsanleitung des Geräteherstellers beachten). Saft abkühlen lassen und 500 ml (1/2 l) abmessen.

2. Die Kirschen abspülen, abtropfen lassen, entstielen, halbieren, entsteinen und 500 g abwiegen. Die Pinienkerne in einer Pfanne ohne Fett unter Rühren goldgelb rösten und auf einem Teller erkalten lassen.

3. Johannisbeersaft, Kirschen, Pinienkerne und das Vanille-Aroma in einem großen Kochtopf mit Extra Gelierzucker gut verrühren.

4. Die Zutaten unter Rühren bei starker Hitze zum Kochen bringen und unter ständigem Rühren mindestens 3 Minuten sprudelnd kochen lassen. Den Topf von der Kochstelle nehmen.

5. Das Kochgut evtl. abschäumen und sofort randvoll in vorbereitete Gläser füllen.

6. Gläser mit Twist-off-Deckeln® verschließen, umdrehen und etwa 5 Minuten auf den Deckeln stehen lassen.

7. Gläser während des Erkaltens gelegentlich umdrehen, damit sich die Pinienkerne gleichmäßig verteilen.

Tipps: Die Haltbarkeit wird durch die Zugabe von Pinienkernen aufgrund des in ihnen enthaltenen Fetts verkürzt. Statt der Pinienkerne können Sie auch gestiftelte Mandeln verwenden.

Johannisbeer-Möhren-Konfitüre

Etwas Besonderes

etwa 5 Gläser je 200 ml

Insgesamt: E: 10 g, F: 2 g, Kh: 569 g, kJ: 10054, kcal: 2403, BE: 47,5

700 g	*passierte Johannisbeeren (vorbereitet gewogen)*
300 g	*fein geraspelte Möhren (vorbereitet gewogen)*
500 g	*Zucker*
1 Beutel	*Gelfix Extra 2 : 1 (25 g)*

Zubereitungszeit: 50 Minuten
Haltbarkeit: kühl und dunkel gestellt 3–4 Monate

1. Passierte Johannisbeeren in einen großen Kochtopf geben. Die Möhren putzen, schälen, abspülen, abtropfen lassen, auf einer Haushaltsreibe fein raspeln und 300 g abwiegen.

2. Möhrenraspel zu den Johannisbeeren in den Topf geben. Abgewogene Zuckermenge mit Gelfix Extra mischen, dann mit der Johannisbeer-Möhren-Masse gut verrühren.

3. Die Zutaten unter Rühren bei starker Hitze zum Kochen bringen und unter ständigem Rühren mindestens 3 Minuten sprudelnd kochen lassen. Den Topf von der Kochstelle nehmen.

4. Das Kochgut evtl. abschäumen und sofort randvoll in vorbereitete Gläser füllen. Die Gläser mit Twist-off-Deckeln® verschließen, umdrehen und etwa 5 Minuten auf den Deckeln stehen lassen.

Tipps: Um 700 g durch ein Sieb passierte Johannisbeeren zu bekommen, werden etwa 1 kg vorbereitete und entstielte Johannisbeeren benötigt. Die Johannisbeeren vor dem Passieren mit einem Stabmixer pürieren. Oder 700 g TK-Johannisbeeren auftauen lassen, pürieren und durch ein Sieb passieren.

Johannisbeer-Sauerkirsch-Gelee

Raffiniert

etwa 4 Gläser je 200 ml

Insgesamt: E: 6 g, F: 2 g, Kh: 551 g, kJ: 9773, kcal: 2308, BE: 46,0

500 ml (1/2 l)	*Johannisbeersaft (von etwa 750 g roten Johannisbeeren, vorbereitet gewogen)*
250 ml (1/4 l)	*Sauerkirschsaft (von etwa 400 g entsteinten Sauerkirschen, vorbereitet gewogen)*
500 g	*Extra Gelierzucker 2 : 1*

Zubereitungszeit: 45–50 Minuten
Haltbarkeit: kühl und dunkel gestellt 3–4 Monate

1. Johannisbeeren abspülen, abtropfen lassen und verlesen. Sauerkirschen abspülen, abtropfen lassen, entstielen und entsteinen. Die Johannisbeeren und Sauerkirschen nacheinander im Schnellkochtopf oder Dampfentsafter entsaften (Gebrauchsanleitung des Geräteherstellers beachten). Von dem Johannisbeersaft 500 ml (1/2 l) und von dem Sauerkirschsaft 250 ml (1/4 l) abmessen.

2. Die Fruchtsäfte in einem großen Kochtopf mit Extra Gelierzucker gut verrühren. Die Zutaten unter Rühren bei starker Hitze zum Kochen bringen und unter ständigem Rühren mindestens 3 Minuten sprudelnd kochen lassen. Den Topf von der Kochstelle nehmen.

3. Das Kochgut evtl. abschäumen und sofort randvoll in vorbereitete Gläser füllen. Die Gläser mit Twist-off-Deckeln® verschließen, umdrehen und etwa 5 Minuten auf den Deckeln stehen lassen.

Tipps: Das Gelee zum Abschmecken für ein Rotkohlgemüse verwenden. Sehr lecker schmeckt es auch zu gebratenen Reh- oder Wildschweinsteaks oder zu gebratener Entenbrust.

Johannisbeer-Stachelbeer-Bananen-Konfitüre

Süßer Genuss

etwa 5 Gläser je 200 ml

Insgesamt: E: 10 g, F: 2 g, Kh: 585 g, kJ: 10444, kcal: 2465, BE: 49,0

450 g passierte Johannisbeeren (vorbereitet gewogen)
300 g passierte Stachelbeeren (vorbereitet gewogen)
250 g passierte Bananen (etwa 3 Bananen, vorbereitet gewogen)
500 g Extra Gelierzucker 2 : 1

Zubereitungszeit: 50 Minuten
Haltbarkeit: kühl und dunkel gestellt 3–4 Monate

1. Johannisbeeren, Stachelbeeren und Bananen in einem großen Kochtopf verrühren. Extra Gelierzucker hinzugeben und gut unterrühren.

2. Die Zutaten unter Rühren bei starker Hitze zum Kochen bringen und unter ständigem Rühren mindestens 3 Minuten sprudelnd kochen lassen. Den Topf von der Kochstelle nehmen.

3. Das Kochgut evtl. abschäumen und sofort randvoll in vorbereitete Gläser füllen. Die Gläser mit Twist-off-Deckeln® verschließen, umdrehen und etwa 5 Minuten auf den Deckeln stehen lassen.

Tipps: Um 450 g passierte Johannisbeeren zu bekommen, benötigt man etwa 550 g vorbereitete und entstielte Johannisbeeren. Für das Stachelbeerpüree werden etwa 500 g vorbereitete Stachelbeeren benötigt. Die Johannisbeeren vor dem Passieren pürieren.

Kaktusfeigen-Konfitüre

Exotisch

etwa 5 Gläser je 200 ml

Insgesamt: E: 10 g, F: 4 g, Kh: 564 g, kJ: 10042, kcal: 2371, BE: 47,0

1 kg Kaktusfeigen-Fruchtfleisch (vorbereitet gewogen, von 15–18 Kaktusfeigen je 150 g)
2 EL Limetten- oder Zitronensaft
500 g Extra Gelierzucker 2 : 1
1 Pck. Zitronensäure (5 g)

Zubereitungszeit: 50 Minuten
Haltbarkeit: kühl und dunkel gestellt 3–4 Monate

1. Kaktusfeigen schälen, d. h. von den Früchten an den beiden Enden je eine flache Scheibe abschneiden. Die Fruchthaut mit einem Messer der Länge nach bis ins Fruchtfleisch aufschlitzen und die Haut abziehen. Oder die Feigen der Länge nach halbieren und das Fruchtfleisch mit einem Löffel herauslösen. Vorsicht, sollte die Kaktusfeigenschale noch mit Stacheln behaftet sein, nehmen Sie zum Halten der Früchte jeweils eine Gabel oder einen Küchenhandschuh.

2. Das Fruchtfleisch in große Stücke schneiden, in einen großen Kochtopf geben und mit einem Stabmixer pürieren. Limetten- oder Zitronensaft und Extra Gelierzucker gut unterrühren.

3. Die Zutaten unter Rühren bei starker Hitze zum Kochen bringen und unter ständigem Rühren mindestens 3 Minuten sprudelnd kochen lassen. Den Topf von der Kochstelle nehmen.

4. Das Kochgut evtl. abschäumen. Die Zitronensäure unterrühren. Kochgut sofort randvoll in vorbereitete Gläser füllen. Gläser mit Twist-off-Deckeln® verschließen, umdrehen und etwa 5 Minuten auf den Deckeln stehen lassen.

Tipps: Im Handel bekommen Sie verschiedene Kaktusfeigen-Sorten. Kaktusfeigen aus Mexiko sind außen sowie innen dunkelrot oder mit weißlich-grünem Fruchtfleisch. Die Kaktusfeigen aus Spanien haben gelb-orangefarbiges Fruchtfleisch.

Mango-Birnen-Avocado-Konfitüre

Mit Alkohol – exotisch

etwa 5 Gläser je 200 ml

Insgesamt: E: 6 g, F: 22 g, Kh: 598 g, kJ: 11247, kcal: 2658, BE: 50,0

400 g	*reife Mango (vorbereitet gewogen)*
400 g	*reife Birnen (vorbereitet gewogen)*
150 g	*Avocado (vorbereitet gewogen)*
50 ml	*Weißwein*
1 Stange	*Zimt*
500 g	*Extra Gelierzucker 2:1*
evtl. 1 Pck.	*Zitronensäure (5 g)*

Zubereitungszeit: 35 Minuten
Haltbarkeit: kühl und dunkel gestellt 3–4 Monate

1. Mango jeweils in der Mitte längs durchschneiden und den Stein herauslösen. Die Mangohälften schälen, in kleine Stücke schneiden und 400 g abwiegen. Die Birnen schälen, vierteln, entkernen, in kleine Stücke schneiden und 400 g abwiegen. Die Avocado in der Mitte längs durchschneiden und den Stein herauslösen. Avocadohälften schälen, in Stücke schneiden und 150 g abwiegen.

2. Vorbereitete Fruchtstücke, Wein und Zimtstange in einen großen Kochtopf geben, mit Extra Gelierzucker und nach Belieben mit Zitronensäure gut verrühren. Die Zutaten unter Rühren bei starker Hitze zum Kochen bringen und unter ständigem Rühren mindestens 3 Minuten sprudelnd kochen lassen. Den Topf von der Kochstelle nehmen.

3. Das Kochgut evtl. abschäumen und sofort randvoll in vorbereitete Gläser füllen. Die Gläser mit Twist-off-Deckeln® verschließen, umdrehen und etwa 5 Minuten auf den Deckeln stehen lassen.

Tipps: Statt Weißwein Birnenlikör oder Birnen- oder Bananennektar verwenden. Sie können auch den Weißwein durch 50 ml Zitronensaft ersetzen, dann keine Zitronensäure verwenden.

Marillenkonfitüre (Aprikosenkonfitüre)

Klassisch
etwa 5 Gläser je 200 ml

Insgesamt: E: 9 g, F: 1 g, Kh: 578 g, kJ: 10190, kcal: 2410, BE: 48,0

1 kg passierte Marillen (Aprikosen, vorbereitet gewogen)
500 g Extra Gelierzucker 2:1

Zubereitungszeit: 40 Minuten
Haltbarkeit: kühl und dunkel gestellt 3–4 Monate

1. Passierte Marillen (Aprikosen) und Extra Gelierzucker in einem großen Kochtopf gut verrühren.

2. Die Zutaten unter Rühren bei starker Hitze zum Kochen bringen und unter ständigem Rühren mindestens 3 Minuten sprudelnd kochen lassen. Den Topf von der Kochstelle nehmen.

3. Das Kochgut evtl. abschäumen und sofort randvoll in vorbereitete Gläser füllen.

4. Die Gläser mit Twist-off-Deckeln® verschließen, umdrehen und etwa 5 Minuten auf den Deckeln stehen lassen.

Tipp: Um 1 kg passierte Marillen (Aprikosen) zu bekommen, werden etwa 1 1/2 kg Marillen (Aprikosen) benötigt. Die Marillen abspülen, gut abtropfen lassen, halbieren, entsteinen, mit einem Stabmixer pürieren und anschließend durch ein Sieb passieren. Von dem Marillenpüree 1 kg abwiegen.

Matchatee-Konfitüre mit Litschi

Zum Verschenken

etwa 5 Gläser je 200 ml

Insgesamt: E: 8 g, F: 2 g, Kh: 690 g, kJ: 11908, kcal: 2849, BE: 57,5

275 g	*kernlose, grüne Weintrauben (vorbereitet gewogen)*
2 gestr. TL	*Matchatee-Pulver*
1 Beutel	*Gelfix Extra 2 : 1 (25 g)*
500 g	*Zucker*
225 g	*abgetropfte Litschis (aus der Dose)*
225 ml	*weißer Traubensaft*
275 ml	*Litschisaft (aus der Dose)*

Zubereitungszeit: 35 Minuten
Haltbarkeit: kühl und dunkel gestellt 3–4 Monate

1. Weintrauben abspülen, gut abtropfen lassen und entstielen. Weintrauben in dünne Scheiben oder kleine Stücke schneiden. Matchatee-Pulver mit Gelfix Extra und Zucker gut vermischen.

2. Litschifrüchte in kleine Stücke schneiden, mit den Weintraubenscheiben oder -stücken in einen großen Kochtopf geben. Trauben- und Litschisaft hinzufügen.

3. Die Matchatee-Zucker-Mischung hinzugeben und gut verrühren. Die Zutaten unter Rühren bei starker Hitze zum Kochen bringen und unter ständigem Rühren mindestens 3 Minuten sprudelnd kochen lassen. Den Topf von der Kochstelle nehmen.

4. Das Kochgut evtl. abschäumen und sofort randvoll in vorbereitete Gläser füllen. Die Gläser mit Twist-off-Deckeln® verschließen, umdrehen und etwa 5 Minuten auf den Deckeln stehen lassen.

Tipps: Statt weißem Traubensaft einen klaren Apfelsaft verwenden. Matchatee erhalten Sie in Tee- oder Bioläden.

Melonen-Bananen-Konfitüre mit Kokosmilch und Zitronengras

Süßer Genuss

etwa 5 Gläser je 200 ml

Insgesamt: E: 10 g, F: 35 g, Kh: 608 g, kJ: 11986, kcal: 2841, BE: 50,5

35 g	*Zitronengras (3–4 Stangen)*
250 ml (1/4 l)	*Kokosmilch (ungesüßt)*
400 g	*Melonen-Fruchtfleisch (reife Cantaloupe oder Galia, vorbereitet gewogen)*
300 g	*Bananen-Fruchtfleisch (vorbereitet gewogen)*
100 ml	*Limettensaft*
500 g	*Extra Gelierzucker 2 : 1*
1 Pck.	*Zitronensäure (5 g)*

Zubereitungszeit: 40 Minuten, ohne Abkühlzeit
Haltbarkeit: kühl und dunkel gestellt 3–4 Monate

1. Von den Zitronengrasstangen evtl. die äußeren, harten Stängel entfernen. Enden und Spitzen etwas abschneiden. Stangen längs halbieren und in etwa 4 cm lange Stücke schneiden.

2. Die Zitronengrasstücke mit der Kokosmilch in einem Topf zum Kochen bringen und 2–3 Minuten bei schwacher Hitze kochen lassen.

3. Den Topf von der Kochstelle nehmen. Kokos-Zitronengras-Milch erkalten lassen. Anschließend durch ein Sieb gießen, dabei die Flüssigkeit auffangen und 200 ml abmessen.

4. Melonen vierteln und die Kerne mit einem Löffel herauskratzen. Die Melonenviertel schälen. Von dem Fruchtfleisch 400 g abwiegen und in kleine Würfel schneiden.

5. Die Bananen schälen, ebenfalls klein würfeln und 300 g abwiegen.

6. Die Melonen- und Bananenwürfel mit der Kokos-Zitronen-Milch und dem Limettensaft in einen großen Kochtopf geben, mit Extra Gelierzucker und Zitronensäure gut verrühren.

7. Die Zutaten unter Rühren bei starker Hitze zum Kochen bringen und unter ständigem Rühren mindestens 3 Minuten sprudelnd kochen lassen. Den Topf von der Kochstelle nehmen.

8. Das Kochgut evtl. abschäumen und sofort randvoll in vorbereitete Gläser füllen.

9. Die Gläser mit Twist-off-Deckeln® verschließen, umdrehen und etwa 5 Minuten auf den Deckeln stehen lassen.

Mirabellenkonfitüre

Fruchtig

etwa 5 Gläser je 200 ml

Insgesamt: E: 7 g, F: 2 g, Kh: 1294 g, kJ: 22114, kcal: 5283, BE: 108

1 kg	*Mirabellen (vorbereitet gewogen)*
1 Beutel	*Gelfix Classic 1 : 1 (20 g)*
1150 g	*Zucker*

Zubereitungszeit: 45 Minuten
Haltbarkeit: kühl und dunkel gestellt etwa 1 Jahr

1. Die Mirabellen abspülen, gut abtropfen lassen, entstielen, halbieren und entsteinen. Mirabellenhälften in kleine Stücke schneiden, 1 kg abwiegen und in einen großen Kochtopf geben.

2. Gelfix Classic zuerst mit 2 Esslöffeln der abgewogenen Zuckermenge mischen, danach mit den Fruchtstückchen gut verrühren. Die Zutaten unter Rühren bei starker Hitze zum Kochen bringen. Sobald alles bei ständigem Rühren sprudelnd kocht, restlichen Zucker hinzufügen.

3. Alles unter Rühren wieder zum Kochen bringen und unter ständigem Rühren mindestens 3 Minuten sprudelnd kochen lassen. Den Topf von der Kochstelle nehmen.

4. Das Kochgut evtl. abschäumen und sofort randvoll in vorbereitete Gläser füllen. Die Gläser mit Twist-off-Deckeln® verschließen, umdrehen und etwa 5 Minuten auf den Deckeln stehen lassen.

Tipp: Nach Belieben zuletzt 4 Esslöffel Zwetschenwasser unter die Konfitüre rühren.

Mirabellenkonfitüre mit Lavendelblüten

Zum Verschenken

etwa 5 Gläser je 200 ml

Insgesamt: E: 7 g, F: 2 g, Kh: 633 g, kJ: 11115, kcal: 2621, BE: 52,5

1 kg Mirabellen (vorbereitet gewogen)
1 EL getrocknete Lavendelblüten (unbehandelt)
500 g Extra Gelierzucker 2:1

Zubereitungszeit: 40 Minuten
Haltbarkeit: kühl und dunkel gestellt 3–4 Monate

1. Die Mirabellen gut abspülen, abtropfen lassen, halbieren und entsteinen. Fruchtfleisch klein schneiden und 1 kg abwiegen. Lavendelblüten von den Stängeln streifen und 1 gehäuften Esslöffel von den Blüten abmessen.

2. Mirabellenstückchen mit den Lavendelblüten in einen großen Kochtopf geben, mit Extra Gelierzucker gut verrühren. Die Zutaten unter Rühren bei starker Hitze zum Kochen bringen und unter ständigem Rühren mindestens 3 Minuten sprudelnd kochen lassen. Den Topf von der Kochstelle nehmen.

3. Das Kochgut evtl. abschäumen und sofort randvoll in vorbereitete Gläser füllen. Die Gläser mit Twist-off-Deckeln® verschließen, umdrehen und etwa 5 Minuten auf den Deckeln stehen lassen.

Tipps: Statt Mirabellen können auch Renekloden genommen werden. Statt der getrockneten Lavendelblüten können Sie auch frischen Lavendel (unbehandelt) verwenden. Die Lavendelblüten vorsichtig abspülen, abtrocknen und vom Stiel lösen.

Nektarinen-Cranberry-Konfitüre

Raffiniert – würzig

etwa 7 Gläser je 200 ml

Insgesamt: E: 9 g, F: 2 g, Kh: 1360 g, kJ: 23217, kcal: 5549, BE: 113,5

- *875 g Nektarinen (vorbereitet gewogen)*
- *10 grüne Kardamomkapseln (erhältlich in Asialäden)*
- *125 g Cranberrys (getrocknet, gesüßt)*
- *1 Beutel Zitronensäure (5 g)*
- *1 Beutel Gelfix Classic 1:1 (20 g)*
- *1150 g Zucker*

Zubereitungszeit: 40 Minuten
Haltbarkeit: kühl und dunkel gestellt 3–4 Monate

1. Nektarinen gut abspülen, trocken tupfen, halbieren und entsteinen. Fruchtfleisch in etwa 1 1/2 cm große Würfel schneiden und 875 g abwiegen. Die Nektarinenwürfel in einen großen Kochtopf geben. Kardamomkapseln, Cranberrys und Zitronensäure unterrühren.

2. Gelfix Classic zuerst mit 2 Esslöffeln der abgewogenen Zuckermenge mischen, dann mit der Fruchtmasse gut verrühren.

3. Die Zutaten unter Rühren bei starker Hitze zum Kochen bringen. Sobald alles bei ständigem Rühren sprudelnd kocht, restlichen Zucker hinzufügen. Alles unter Rühren wieder zum Kochen bringen und unter ständigem Rühren mindestens 3 Minuten sprudelnd kochen lassen. Den Topf von der Kochstelle nehmen.

4. Das Kochgut evtl. abschäumen und sofort randvoll in vorbereitete Gläser füllen. Die Gläser mit Twist-off-Deckeln® verschließen, umdrehen und etwa 5 Minuten auf den Deckeln stehen lassen.

5. Gläser während des Erkaltens gelegentlich umdrehen, damit sich die Cranberrys besser verteilen.

Tipp: Die Konfitüre schmeckt gut zu Vanillegrieß oder zu kurz gebratenem Wildfleisch. Hübsch eingepackt ist die Konfitüre ein schönes Geschenk.

Nektarinen- Mirabellen-Konfitüre

Zum Verschenken *(ohne Foto)*

etwa 5 Gläser je 200 ml

Insgesamt: E: 8 g, F: 2 g, Kh: 624 g, kJ: 10990, kcal: 2595, BE: 52,0

- *500 g Mirabellen (vorbereitet gewogen)*
- *500 g Nektarinen (vorbereitet gewogen)*
- *500 g Extra Gelierzucker 2:1*
- *1 Pck. Zitronensäure (5 g)*

Zubereitungszeit: 50 Minuten
Haltbarkeit: kühl und dunkel gestellt etwa 1 Jahr

1. Die Mirabellen abspülen, gut abtropfen lassen, entstielen, halbieren und entsteinen. Mirabellenhälften in kleine Stücke schneiden und 500 g abwiegen.

2. Die Nektarinen abspülen, gut abtropfen lassen, halbieren und entsteinen. Nektarinenhälften ebenfalls in kleine Stücke schneiden und 500 g abwiegen.

3. Die vorbereiteten Früchte mit Extra Gelierzucker und Zitronensäure in einem großen Kochtopf gut verrühren. Die Zutaten unter Rühren bei starker Hitze zum Kochen bringen und unter ständigem Rühren mindestens 3 Minuten sprudelnd kochen lassen. Den Topf von der Kochstelle nehmen.

4. Das Kochgut evtl. abschäumen und sofort randvoll in vorbereitete Gläser füllen. Die Gläser mit Twist-off-Deckeln® verschließen, umdrehen und etwa 5 Minuten auf den Deckeln stehen lassen.

Tipp: Nach Belieben 2 Esslöffel Marillenlikör unter die fertig gekochte Konfitüre rühren.

Orangen-Kaki-Marmelade

Exotisch – mit Alkohol

etwa 5 Gläser je 200 ml

Insgesamt: E: 8 g, F: 3 g, Kh: 637 g, kJ: 11641, kcal: 2781, BE: 53,0

500 g	*Orangenfilets mit -saft (von etwa 8 Saftorangen, vorbereitet gewogen)*
500 g	*Kaki-Fruchtfleisch (von 5–6 Kakifrüchten, vorbereitet gewogen)*
500 g	*Zucker*
1 Beutel	*Gelfix Extra 2:1 (25 g)*
5 EL	*Rum*

Zubereitungszeit: 45 Minuten
Haltbarkeit: kühl und dunkel gestellt 3–4 Monate

1. Orangen so schälen, dass die weiße Haut vollständig entfernt wird. Orangen filetieren, dabei den Saft auffangen. Von den Orangenfilets mit dem Saft 500 g abwiegen und in einen großen Kochtopf geben. Kakifrüchte abspülen, gut abtropfen lassen, Blüten und Stiele entfernen, dünn schälen. Kakifrüchte in Stücke schneiden, 500 g abwiegen und zu den Orangenfilets in den Kochtopf geben. Die Früchte mit einem Stabmixer pürieren.

2. Abgewogene Zuckermenge mit Gelfix Extra mischen, zum Fruchtpüree geben und gut verrühren.

3. Die Zutaten unter Rühren bei starker Hitze zum Kochen bringen und unter ständigem Rühren mindestens 3 Minuten sprudelnd kochen lassen. Den Topf von der Kochstelle nehmen. Rum unterrühren.

4. Das Kochgut evtl. abschäumen und sofort randvoll in vorbereitete Gläser füllen. Die Gläser mit Twist-off-Deckeln® verschließen, umdrehen und etwa 5 Minuten auf den Deckeln stehen lassen.

Tipps: Kakifrüchte sollten immer geschält werden. Dagegen kann die Schale von der Sharonfrucht (Kakifrucht aus Israel) mitgegessen werden.

Orangen-Limetten-Marmelade

Süßer Genuss

etwa 5 Gläser je 200 ml

Insgesamt: E: 8 g, F: 2 g, Kh: 565 g, kJ: 10054, kcal: 2372, BE: 47,0

200 ml Limettensaft (von etwa 6 Limetten)
400 g Orangenfilets mit -saft (von etwa 5 Orangen, vorbereitet gewogen)
400 ml Orangensaft (Handelsware)
500 g Extra Gelierzucker 2:1

Zubereitungszeit: 30 Minuten
Haltbarkeit: kühl und dunkel gestellt etwa 1 Jahr

1. Die Limetten halbieren, den Saft auspressen und 200 ml Saft abmessen. Die Orangen so schälen, dass die weiße Haut vollständig entfernt wird. Die Orangenfilets herausschneiden, dabei den Saft auffangen. Von den Orangenfilets und dem Saft insgesamt 400 g abwiegen.

2. Limettensaft, Orangenfilets und -saft (auch die Handelsware) in einem Kochtopf mit Extra Gelierzucker gut verrühren. Die Zutaten unter Rühren bei starker Hitze zum Kochen bringen und unter ständigem Rühren mindestens 3 Minuten sprudelnd kochen lassen. Den Topf von der Kochstelle nehmen.

3. Das Kochgut evtl. abschäumen und sofort randvoll in vorbereitete Gläser füllen. Die Gläser mit Twist-off-Deckeln® verschließen, umdrehen und etwa 5 Minuten auf den Deckeln stehen lassen.

Orangenmarmelade

Klassisch – köstlich

7–8 Gläser je 200 ml

Insgesamt: E: 10 g, F: 2 g, Kh: 1243 g, kJ: 21355, kcal: 5105, BE: 103,5

25 g Orangenschale (von etwa 3 Bio-Orangen [unbehandelt, ungewachst], vorbereitet gewogen)
1 kg Orangenfilets mit -saft (von den Bio-Orangen und 7–8 weiteren Orangen, vorbereitet gewogen)
1 Beutel Gelfix Classic 1:1 (20 g)
1150 g Zucker

Zubereitungszeit: 45 Minuten
Haltbarkeit: kühl und dunkel gestellt etwa 1 Jahr

1. Bio-Orangen heiß abwaschen, abtrocknen und die Schale dünn abschälen. Orangenschale in Streifen schneiden und 25 g abwiegen. Alle Orangen so schälen, dass die weiße Haut vollständig entfernt wird. Die Orangen filetieren und in Stücke schneiden, dabei den Saft auffangen und insgesamt 1 kg abwiegen.

2. Orangenfilets mit -saft in einen großen Kochtopf geben und mit einem Stabmixer pürieren, Orangenschale untermischen. Gelfix Classic zuerst mit 2 Esslöffeln der abgewogenen Zuckermenge mischen, dann mit der Orangenmasse gut verrühren.

3. Die Zutaten unter Rühren bei starker Hitze zum Kochen bringen. Sobald alles bei ständigem Rühren sprudelnd kocht, restlichen Zucker hinzufügen. Alles unter Rühren wieder zum Kochen bringen und unter ständigem Rühren mindestens 3 Minuten sprudelnd kochen lassen. Den Topf von der Kochstelle nehmen.

4. Das Kochgut evtl. abschäumen und sofort randvoll in vorbereitete Gläser füllen. Die Gläser mit Twist-off-Deckeln® verschließen, umdrehen und etwa 5 Minuten auf den Deckeln stehen lassen.

Tipp: Nach Belieben unter die fertig gekochte Marmelade 75 ml Whisky, Rum oder Orangenlikör rühren.

Orangenmarmelade mit Minze

Raffiniert

etwa 5 Gläser je 200 ml

Insgesamt: E: 9 g, F: 3 g, Kh: 573 g, kJ: 10299, kcal: 2429, BE: 47,5

700 g	*Orangenfilets (von etwa 7 großen Orangen, vorbereitet gewogen)*
200 g	*Zitronenfilets (von etwa 8 Zitronen, vorbereitet gewogen)*
100 ml	*Orangensaft*
1 Pck.	*Dr. Oetker Vanillin-Zucker*
500 g	*Extra Gelierzucker 2:1*
5 Stängel	*Pfefferminze*

Zubereitungszeit: 45 Minuten
Haltbarkeit: kühl und dunkel gestellt 3–4 Monate

1. Orangen und Zitronen so schälen, dass die weiße Haut vollständig entfernt wird. Orangen und Zitronen filetieren. Von den Orangenfilets 700 g und von den Zitronenfilets 200 g abwiegen.

2. Orangen- und Zitronenfilets mit Orangensaft und Vanillin-Zucker in einem großen Kochtopf mischen. Gelierzucker hinzugeben und gut verrühren.

3. Die Zutaten unter Rühren bei starker Hitze zum Kochen bringen und unter ständigem Rühren mindestens 3 Minuten sprudelnd kochen lassen. Den Topf von der Kochstelle nehmen.

4. Das Kochgut evtl. abschäumen und sofort randvoll in vorbereitete Gläser füllen. Pfefferminzstängel abspülen, trocken tupfen und je 1 Pfefferminzstängel in die Gläser geben.

5. Gläser mit Twist-off-Deckeln® verschließen, umdrehen und etwa 5 Minuten auf den Deckeln stehen lassen.

6. Gläser während des Erkaltens gelegentlich umdrehen, damit sich die Pfefferminze gleichmäßig verteilt.

Orangen-Möhren-Konfitüre

Raffiniert – für Kinder

(ohne Foto)

etwa 7 Gläser je 200 ml

Insgesamt: E: 20 g, F: 24 g, Kh: 1255 g, kJ: 22473, kcal: 5374, BE: 104,5

500 g	*Möhren (vorbereitet gewogen)*
2	*Bio-Orangen (unbehandelt, ungewachst)*
500 g	*Orangenfilets mit -saft (von den Bio-Orangen und 3–4 weiteren Orangen, vorbereitet gewogen)*
1 Beutel	*Gelfix Classic 1 : 1 (20 g)*
1150 g	*Zucker*
3 EL	*Zitronensaft*
3 EL	*grob gehackte Cashewkerne*

Zubereitungszeit: 60 Minuten
Haltbarkeit: kühl und dunkel gestellt 3–4 Monate

1. Die Möhren putzen, schälen, abspülen, abtropfen lassen, auf einer Haushaltsreibe sehr fein reiben und 500 g abwiegen.

2. Die Bio-Orangen heiß abwaschen, abtrocknen und die Schale mit einem Zestenreißer abziehen. Oder die Schale dünn abschälen und anschließend in feine Streifen schneiden.

3. Alle Orangen (5–6 Stück) so schälen, dass die weiße Haut vollständig entfernt wird. Orangen filetieren und in Stücke schneiden, dabei den Saft auffangen. Von den Orangenstücken und dem aufgefangenen Saft insgesamt 500 g abwiegen.

4. Möhrenraspel, Orangenstücke, -saft und -schale in einen großen Kochtopf geben. Gelfix Classic zuerst mit 2 Esslöffeln der abgewogenen Zuckermenge mischen, dann mit der Möhren-Orangen-Masse gut verrühren.

5. Die Zutaten unter Rühren bei starker Hitze zum Kochen bringen. Sobald alles bei ständigem Rühren sprudelnd kocht, restlichen Zucker hinzufügen. Alles unter Rühren wieder zum Kochen bringen und unter ständigem Rühren mindestens 3 Minuten sprudelnd kochen lassen. Den Topf von der Kochstelle nehmen. Zitronensaft und Cashewkerne unterrühren.

6. Das Kochgut evtl. abschäumen und sofort randvoll in vorbereitete Gläser füllen. Die Gläser mit Twist-off-Deckeln® verschließen, umdrehen und etwa 5 Minuten auf den Deckeln stehen lassen.

Orangen-Pomelo-Marmelade

Exotisch

7–8 Gläser je 200 ml

Insgesamt: E: 11 g, F: 2 g, Kh: 1259 g, kJ: 21668, kcal: 5179, BE: 105,0

800 g	*Orangenfilets (von 8–9 Orangen, davon 2 Bio-Orangen [unbehandelt, ungewachst], vorbereitet gewogen)*
200 g	*Pomelo-Fruchtfilets (von ½ Pomelo, vorbereitet gewogen)*
1 Beutel	*Gelfix Classic 1 : 1 (20 g)*
1150 g	*Zucker*

Zubereitungszeit: 45 Minuten
Haltbarkeit: kühl und dunkel gestellt etwa 1 Jahr

1. Die Bio-Orangen heiß abwaschen, abtrocknen und die Schale abreiben. Restliche Orangen so schälen, dass die weiße Haut vollständig entfernt wird. Orangen filetieren, in Stücke schneiden und 800 g abwiegen. Orangenstücke mit der -schale in einem großen Kochtopf vermischen.

2. Pomelo so schälen, dass die weiße Haut vollständig entfernt. Pomelo in einzelne Fruchtspalten teilen und die Haut entfernen, sodass Fruchtfilets entstehen. Die Filets in Stücke schneiden und 200 g abwiegen.

3. Gelfix Classic zuerst mit 2 Esslöffeln der abgewogenen Zuckermenge mischen, dann mit der Fruchtmasse gut verrühren.

4. Die Zutaten unter Rühren bei starker Hitze zum Kochen bringen. Sobald alles bei ständigem Rühren sprudelnd kocht, restlichen Zucker hinzufügen. Alles unter Rühren wieder zum Kochen bringen und unter ständigem Rühren mindestens 3 Minuten sprudelnd kochen lassen. Den Topf von der Kochstelle nehmen.

5. Das Kochgut evtl. abschäumen und sofort randvoll in vorbereitete Gläser füllen. Die Gläser mit Twist-off-Deckeln® verschließen, umdrehen und etwa 5 Minuten auf den Deckeln stehen lassen.

Tipps: Pomelos sehen wie große Pampelmusen aus, haben aber einen spitzeren Stielansatz. Das Fruchtfleisch schmeckt erfrischend und leicht bitter. Es eignet sich sowohl zum Frischverzehr als auch zur Verarbeitung zu Marmeladen. Eine Pomelo wiegt 1–2 kg, davon sind rund 300 g Fruchtschale.

Papaya-Apfel-Konfitüre

Exotisch

etwa 4 Gläser je 200 ml

Insgesamt: E: 3 g, F: 2 g, Kh: 495 g, kJ: 8505, kcal: 2030, BE: 41,0

200 g	*Papaya (vorbereitet gewogen)*
500 g	*Äpfel (vorbereitet gewogen)*
300 ml	*heller Traubensaft (Handelsware)*
350 g	*Zucker, Fruchtzucker oder 25 ml Flüssigsüße*
1 Beutel	*Gelfix Super 3 : 1 (25 g)*

Zubereitungszeit: 45 Minuten
Haltbarkeit: kühl und dunkel gestellt 3–4 Monate

1. Papaya halbieren und entkernen. Papayahälften schälen, in kleine Stücke schneiden, 200 g abwiegen. Äpfel schälen, vierteln, entkernen, in kleine Stücke schneiden, 500 g abwiegen.

2. Die Papaya-, Apfelstücke und Traubensaft in einen großen Kochtopf geben. Zucker oder Fruchtzucker mit Gelfix Super mischen, dann mit der Fruchtmasse gut verrühren (oder Früchte und den Saft in einen großen Kochtopf geben und mit der Flüssigsüße und Gelfix Super gut verrühren).

3. Die Zutaten unter Rühren bei starker Hitze zum Kochen bringen und unter ständigem Rühren mindestens 3 Minuten sprudelnd kochen lassen. Den Topf von der Kochstelle nehmen.

4. Das Kochgut evtl. abschäumen und sofort randvoll in vorbereitete Gläser füllen. Die Gläser mit Twist-off-Deckeln® verschließen, umdrehen und etwa 5 Minuten auf den Deckeln stehen lassen.

Tipps: Sie können nach Belieben nach dem Kochen noch 50 ml Calvados unterrühren. Fügen Sie mit den Früchten 1–2 Sternanis hinzu. Die Sternanis nach dem Kochen wieder herausnehmen.

Papaya-Himbeer-Konfitüre

Raffiniert

etwa 5 Gläser je 200 ml

Insgesamt: E: 6 g, F: 1 g, Kh: 584 g, kJ: 10018, kcal: 2395, BE: 48,5

900 g reife Papayas (vorbereitet gewogen)
100 g Himbeeren (vorbereitet gewogen)
500 g Zucker
1 Beutel Gelfix Extra 2:1 (25 g)

Zubereitungszeit: 50 Minuten
Haltbarkeit: kühl und dunkel gestellt etwa 1 Jahr

1. Papayas halbieren und entkernen. Papayahälften schälen, klein schneiden und 900 g abwiegen.

2. Himbeeren verlesen, evtl. kurz abspülen, trocken tupfen und entstielen. Von den Himbeeren 100 g abwiegen.

3. Die Früchte in einen großen Kochtopf geben. Den Zucker mit Gelfix Extra mischen und mit den Früchten gut verrühren.

4. Die Zutaten unter Rühren bei starker Hitze zum Kochen bringen und unter ständigem Rühren mindestens 3 Minuten sprudelnd kochen lassen. Den Topf von der Kochstelle nehmen.

5. Das Kochgut evtl. abschäumen und sofort randvoll in vorbereitete Gläser füllen.

6. Die Gläser mit Twist-off-Deckeln® verschließen, umdrehen und etwa 5 Minuten auf den Deckeln stehen lassen.

Papaya-Kiwi-Konfitüre

Exotisch

etwa 5 Gläser je 200 ml

Insgesamt: E: 7 g, F: 3 g, Kh: 572 g, kJ: 10141, kcal: 2392, BE: 47,5

700 g	*reife Papaya (vorbereitet gewogen)*
300 g	*Kiwis (vorbereitet gewogen)*
1/2–1 Pck.	*Dr. Oetker Finesse Geriebene Zitronenschale*
500 g	*Extra Gelierzucker 2:1*
1 Pck.	*Zitronensäure (5 g)*

Zubereitungszeit: 35 Minuten
Haltbarkeit: kühl und dunkel gestellt 3–4 Monate

1. Papaya halbieren und die Kerne mit einem Löffel herausnehmen. Die Papayahälften schälen, in kleine Stücke schneiden und 700 g abwiegen. Kiwi schälen, vierteln, in kleine Stücke schneiden und 300 g abwiegen.

2. Papaya-, Kiwistücke und Zitronenschale in einen großen Kochtopf geben, mit Extra Gelierzucker und Zitronensäure gut verrühren. Die Zutaten unter Rühren bei starker Hitze zum Kochen bringen und unter ständigem Rühren mindestens 3 Minuten sprudelnd kochen lassen. Danach den Topf von der Kochstelle nehmen.

3. Das Kochgut evtl. abschäumen und sofort randvoll in vorbereitete Gläser füllen. Die Gläser mit Twist-off-Deckeln® verschließen, umdrehen und etwa 5 Minuten auf den Deckeln stehen lassen.

Tipps: Um 700 g Papaya-Fruchtfleisch und 300 g Kiwi-Fruchtfleisch zu bekommen, benötigt man 1 große Papaya (etwa 1 kg) und 3–4 reife Kiwis. Statt 300 g Kiwi-Fruchtfleisch 250 g Kiwi-Fruchtfleisch und 50 ml Aprerollikör verwenden.

Passionsfrucht-Pflaumen-Konfitüre

Für Diabetiker geeignet

etwa 6 Gläser je 200 ml

Insgesamt: E: 12 g, F: 3 g, Kh: 468 g, kJ: 8358, kcal: 1999, BE: 39,0

350 g	*grünes Passionsfrucht-Fruchtfleisch (vorbereitet gewogen)*
650 g	*Pflaumen (vorbereitet gewogen)*
350 g	*Zucker oder Fruchtzucker*
1 Beutel	*Gelfix Super 3:1 (25 g)*

Zubereitungszeit: 40 Minuten
Haltbarkeit: kühl und dunkel gestellt etwa 1 Jahr

1. Passionsfrüchte halbieren. Die geleeartige Fruchtmasse mit den Samenkernchen herauslösen und 350 g abwiegen. Pflaumen abspülen, abtrocknen, entstielen, halbieren, entsteinen, in kleine Stücke schneiden und 650 g abwiegen.

2. Früchte in einen großen Kochtopf geben. Das abgewogene Süßungsmittel (Zucker oder Fruchtzucker) mit Gelfix Super mischen, mit der Fruchtmasse verrühren.

3. Die Zutaten unter Rühren bei starker Hitze zum Kochen bringen und unter ständigem Rühren mindestens 3 Minuten sprudelnd kochen lassen. Den Topf von der Kochstelle nehmen.

4. Das Kochgut evtl. abschäumen und sofort randvoll in vorbereitete Gläser füllen. Die Gläser mit Twist-off-Deckeln® verschließen, umdrehen und etwa 5 Minuten auf den Deckeln stehen lassen.

Pfirsich-Aprikosen-Konfitüre mit Himbeergeist

Mit Alkohol

etwa 7 Gläser je 200 ml

Insgesamt: E: 8 g, F: 1 g, Kh: 430 g, kJ: 8133, kcal: 1920, BE: 36,0

500 g Pfirsiche (vorbereitet gewogen)
500 g Aprikosen (vorbereitet gewogen)
350 g Diät Gelier-Fruchtzucker 3:1
50 ml Himbeergeist

Zubereitungszeit: 40 Minuten
Haltbarkeit: kühl und dunkel gestellt etwa 1 Jahr

1. Pfirsiche und Aprikosen abspülen, abtropfen lassen, halbieren, entsteinen, in kleine Stücke schneiden und jeweils 500 g abwiegen.

2. Die Fruchtstücke mit Gelier-Fruchtzucker in einem großen Kochtopf gut verrühren.

3. Die Zutaten unter Rühren bei starker Hitze zum Kochen bringen und unter ständigem Rühren mindestens 3 Minuten sprudelnd kochen lassen. Den Topf von der Kochstelle nehmen. Himbeergeist unterrühren.

4. Das Kochgut evtl. abschäumen und sofort randvoll in vorbereitete Gläser füllen. Die Gläser mit Twist-off-Deckeln® verschließen, umdrehen und etwa 5 Minuten auf den Deckeln stehen lassen.

Pfirsich-Mango-Konfitüre

Raffiniert

etwa 5 Gläser je 200 ml

Insgesamt: E: 7 g, F: 2 g, Kh: 592 g, kJ: 10410, kcal: 2459, BE: 49,5

700 g	*Pfirsiche (vorbereitet gewogen)*
300 g	*Mango-Fruchtfleisch (vorbereitet gewogen)*
500 g	*Extra Gelierzucker 2:1*
1 Pck.	*Zitronensäure (5 g)*

Zubereitungszeit: 40 Minuten
Haltbarkeit: kühl und dunkel gestellt 3–4 Monate

1. Pfirsiche abspülen, gut abtropfen, halbieren und entsteinen. Pfirsichhälften in kleine Stücke schneiden und 700 g abwiegen. Mango längs durchschneiden und den Stein herauslösen. Mangohälften schälen, in kleine Stücke schneiden und 300 g abwiegen.

2. Jeweils die Hälfte der Pfirsich- und Mangostücke mit einem Stabmixer pürieren.

3. Gesamte Früchte (Fruchtpüree und Fruchtstücke) in einen großen Kochtopf geben. Extra Gelierzucker und Zitronensäure hinzufügen und gut verrühren.

4. Die Zutaten unter Rühren bei starker Hitze zum Kochen bringen und unter ständigem Rühren mindestens 3 Minuten sprudelnd kochen lassen. Den Topf von der Kochstelle nehmen.

5. Das Kochgut evtl. abschäumen und sofort randvoll in vorbereitete Gläser füllen. Die Gläser mit Twist-off-Deckeln® verschließen, umdrehen und etwa 5 Minuten auf den Deckeln stehen lassen.

Tipp: Für Diabetiker den Extra Gelierzucker 2:1 durch 1 Beutel Gelfix Super (25 g) und 500 g Fruchtzucker ersetzen. Die Konfitüre dann nach Packungsanleitung zubereiten.

Pfirsich Royal

Mit Alkohol

3–4 Gläser je 200 ml

Insgesamt: E: 4 g, F: 1 g, Kh: 478 g, kJ: 8680, kcal: 2076, BE: 40,0

550 ml	*Pfirsichsaft (ungesüßt, von etwa 950 g Pfirsichen)*
200 ml	*trockener Sekt*
400 g	*Zucker*
1 Beutel	*Gelfix Extra 2 : 1 (25 g)*

Zubereitungszeit: 45 Minuten
Haltbarkeit: kühl und dunkel gestellt etwa 1 Jahr

1. Die Pfirsiche abspülen, abtropfen lassen, halbieren, entsteinen, in Stücke schneiden und mithilfe eines Schnellkochtopfes oder Dampfentsafters entsaften (Gebrauchsanleitung des Geräteherstellers beachten). Den Saft abkühlen lassen und 550 ml abmessen.

2. Pfirsichsaft und Sekt in einen großen Kochtopf geben. Abgewogene Zuckermenge mit Gelfix Extra mischen, dann mit der Saft-Sekt-Mischung gut verrühren.

3. Alles unter Rühren bei starker Hitze zum Kochen bringen und unter ständigem Rühren mindestens 3 Minuten sprudelnd kochen lassen. Den Topf von der Kochstelle nehmen.

4. Das Kochgut evtl. abschäumen und sofort randvoll in vorbereitete Gläser füllen. Die Gläser mit Twist-off-Deckeln® verschließen, umdrehen und etwa 5 Minuten auf den Deckeln stehen lassen.

Tipp: Den Sekt durch Weißwein ersetzen.

Physalis-Konfitüre mit Mango und Ananas

Aromatisch – köstlich

etwa 5 Gläser je 200 ml

Insgesamt: E: 12 g, F: 6 g, Kh: 631 g, kJ: 11185, kcal: 2674, BE: 52,5

400 g	*Physalis (Kapstachelbeeren, vorbereitet gewogen)*
300 g	*reife Mango (vorbereitet gewogen)*
300 g	*frische Ananasscheiben (aus dem Kühlregal, vorbereitet gewogen)*
500 g	*brauner Rohrzucker*
1 Beutel	*Gelfix Extra 2 : 1 (25 g)*

Zubereitungszeit: 40 Minuten
Haltbarkeit: kühl und dunkel gestellt etwa 1 Jahr

1. Die Physalis aus den Hüllen lösen und entstielen. Die Physalis abspülen, gut abtropfen lassen, in kleine Stücke schneiden und 400 g abwiegen. Die Mango jeweils in der Mitte längs durchschneiden und den Stein herauslösen. Mangohälften schälen, in kleine Stücke schneiden und 300 g abwiegen. Ananasscheiben in kleine Stücke schneiden, den Saft dabei auffangen und insgesamt 300 g abwiegen.

2. Vorbereitete Fruchtstücke in einen großen Kochtopf geben. Die abgewogene Zuckermenge mit Gelfix Extra mischen, dann mit den Fruchtstücken gut verrühren.

3. Die Zutaten unter Rühren bei starker Hitze zum Kochen bringen und unter ständigem Rühren mindestens 3 Minuten sprudelnd kochen lassen. Den Topf von der Kochstelle nehmen.

4. Das Kochgut evtl. abschäumen und sofort randvoll in vorbereitete Gläser füllen. Die Gläser mit Twist-off-Deckeln® verschließen, umdrehen und etwa 5 Minuten auf den Deckeln stehen lassen.

Tipp: Je 1 Prise gemahlenen Zimt und gemahlenen Koriander unter die Fruchtstücke rühren.

Piña-Colada-Konfitüre

Mit Alkohol *(ohne Foto)*

etwa 5 Gläser je 200 ml

Insgesamt: E: 17 g, F: 147 g, Kh: 617 g, kJ: 17010, kcal: 4066, BE: 51,5

200 g	*frisches Kokosnuss-Fruchtfleisch (vorbereitet gewogen)*
400 g	*Ananas-Fruchtfleisch (vorbereitet gewogen)*
100 g	*Kokosnusscreme (aus der Dose)*
50 ml	*weißer Rum*
50 ml	*Batida de Côco (Kokoslikör, z. B. Mangaroca Batida de Côco)*
200 ml	*Ananassaft*
1 Beutel	*Gelfix Extra 2:1 (25 g)*
500 g	*Zucker*

Zubereitungszeit: 50 Minuten
Haltbarkeit: kühl und dunkel gestellt 3–4 Monate

1. Die Kokosnuss mit einem Hammer öffnen. Das Fruchtfleisch von der hölzernen Schale trennen und die braune Haut abschälen. Das Fruchtfleisch fein reiben und 200 g abwiegen.

2. Von der Ananas Blatt- und Strunkende entfernen. Ananas längs halbieren und den holzigen Mittelstrunk herausschneiden. Das Ananas-Fruchtfleisch in kleine Stücke schneiden und 400 g abwiegen.

3. Kokosnuss-, Ananas-Fruchtfleisch, Kokosnusscreme, Rum, Batida de Côco und Ananassaft in einen großen Kochtopf geben. Gelfix Extra mit der abgewogene Zuckermenge mischen, dann mit der Fruchtmasse gut verrühren.

4. Die Zutaten unter Rühren bei starker Hitze zum Kochen bringen und unter ständigem Rühren mindestens 3 Minuten sprudelnd kochen lassen. Den Topf von der Kochstelle nehmen.

5. Das Kochgut evtl. abschäumen und sofort randvoll in vorbereitete Gläser füllen. Die Gläser mit Twist-off-Deckeln® verschließen, umdrehen und etwa 5 Minuten auf den Deckeln stehen lassen.

Pink-Grapefruit-Marmelade

Für Gäste – köstlich

etwa 7 Gläser je 200 ml

Insgesamt: E: 6 g, F: 2 g, Kh: 1228 g, kJ: 21244, kcal: 5083, BE: 102,5

1 kg	*Pink-Grapefruit-Filets und -saft (von etwa 8 Pink-Grapefruits, vorbereitet gewogen)*
1 Beutel	*Gelfix Classic 1:1 (20 g)*
1150 g	*Zucker*

Zubereitungszeit: 60 Minuten
Haltbarkeit: kalt und dunkel gestellt etwa 1 Jahr

1. Grapefruits mit einem scharfen Messer so schälen, dass die weiße Haut vollständig entfernt wird. Die Fruchtfilets herausschneiden, Saft dabei auffangen und insgesamt 1 kg abwiegen.

2. Grapefruitfilets mit dem aufgefangenen Saft in einen großen Kochtopf geben. Gelfix Classic zuerst mit 2 Esslöffeln der abgewogenen Zuckermenge mischen, dann mit der Fruchtmasse gut verrühren.

3. Die Fruchtmasse unter Rühren bei starker Hitze zum Kochen bringen. Sobald alles bei ständigem Rühren sprudelnd kocht, restlichen Zucker hinzufügen. Alles unter Rühren wieder zum Kochen bringen und unter Rühren mindestens 3 Minuten sprudelnd kochen lassen. Den Topf von der Kochstelle nehmen.

4. Das Kochgut evtl. abschäumen und sofort randvoll in vorbereitete Gläser füllen. Die Gläser mit Twist-off-Deckeln® verschließen, umdrehen und etwa 5 Minuten auf den Deckeln stehen lassen.

Tipp: Sie können die Grapefruits auch einfach auspressen und dann den Saft mit dem Fruchtfleisch verwenden.

Variante 1: Für **Grapefruit-Granatapfel-Marmelade** können Sie 100 g Grapefruits durch 100 ml frisch gepressten Granatapfelsaft ersetzen. Dazu 1 Granatapfel halbieren und den Saft mit einer Zitruspresse auspressen.

Variante 2: Für **Grapefruitmarmelade mit Schale** 1 Bio-Grapefruit (unbehandelt, ungewachst) heiß abwaschen, trocken reiben, dünn schälen und die Schale in sehr feine Streifen schneiden oder mit einem Zestenreißer abziehen. Die Schale mit den Grapefruitfilets und dem Saft in den Kochtopf geben. Die gefüllten Gläser während des Erkaltens gelegentlich umdrehen, damit sich die Schale besser verteilt.

Variante 3: Für **Grapefruit-Cointreau-Marmelade** 50 ml Cointreau (Orangenlikör) nach dem Kochen in die Marmelade rühren.

Pitahaya-Konfitüre

Exotisch – mit Alkohol

etwa 5 Gläser je 200 ml

Insgesamt: E: 7 g, F: 3 g, Kh: 565 g, kJ: 10135, kcal: 2393, BE: 47,0

600 g	*Pitahaya-Fruchtfleisch (von 3–4 roten Früchten, vorbereitet gewogen)*
300 ml	*Ananassaft (100 % Direktsaft)*
1 EL	*Zitronensaft*
500 g	*Extra Gelierzucker 2:1*
2 EL	*Rum*

Zubereitungszeit: 35 Minuten
Haltbarkeit: kühl und dunkel gestellt 3–4 Monate

1. Pitahaya halbieren und das Fruchtfleisch jeweils mit einem Löffel herauslösen. Das Fruchtfleisch mit einer Gabel zerdrücken, mit dem entstandenen Fruchtsaft insgesamt 600 g abwiegen und in einen großen Kochtopf geben.

2. Ananas-, Zitronensaft und Extra Gelierzucker hinzufügen und gut verrühren. Die Zutaten unter Rühren bei starker Hitze zum Kochen bringen und unter ständigem Rühren mindestens 3 Minuten sprudelnd kochen lassen. Den Topf von der Kochstelle nehmen. Rum unterrühren.

3. Das Kochgut evtl. abschäumen und sofort randvoll in vorbereitete Gläser füllen. Die Gläser mit Twist-off-Deckeln® verschließen, umdrehen und etwa 5 Minuten auf den Deckeln stehen lassen.

4. Die Gläser während des Erkaltens gelegentlich umdrehen, damit sicht die Pitahayakerne gleichmäßig verteilen.

Tipp: Pitahaya sind Kaktusfrüchte. Sie werden als rote oder goldgelbe Früchte angeboten.

Pomelo-Aprikosen-Marmelade

Etwas Besonderes

etwa 5 Gläser je 200 ml

Insgesamt: E: 8 g, F: 1 g, Kh: 583 g, kJ: 10280, kcal: 2428, BE: 48,5

600 g Pomelo-Fruchtfilets (1 große Pomelo, etwa 1 kg, vorbereitet gewogen)
400 g Aprikosen (vorbereitet gewogen)
500 g Extra Gelierzucker 2:1

Zubereitungszeit: 45 Minuten
Haltbarkeit: kühl und dunkel gestellt 3–4 Monate

1. Pomelo so schälen, dass die weiße Haut vollständig entfernt wird. Pomelo in einzelne Fruchtspalten teilen, die Haut entfernen, sodass Fruchtfilets entstehen. Die Fruchtfilets in kleine Stücke schneiden und 600 g abwiegen. Die Aprikosen abspülen, gut abtropfen lassen, halbieren, entsteinen, in kleine Stücke schneiden und 400 g abwiegen.

2. Die vorbereiteten Früchte mit Extra Gelierzucker in einem großen Topf gut verrühren. Die Zutaten unter Rühren bei starker Hitze zum Kochen bringen und unter ständigem Rühren mindestens 3 Minuten sprudelnd kochen lassen. Den Topf von der Kochstelle nehmen.

3. Das Kochgut evtl. abschäumen und sofort randvoll in vorbereitete Gläser füllen. Die Gläser mit Twist-off-Deckeln® verschließen, umdrehen und etwa 5 Minuten auf den Deckeln stehen lassen.

Tipp: Die Marmelade zu Brot und geräuchertem Trockenfleisch reichen.

Preiselbeerkonfitüre

Mit Alkohol

etwa 5 Gläser je 200 ml

Insgesamt: E: 3 g, F: 5 g, Kh: 1222 g, kJ: 21475, kcal: 5132, BE: 102,0

850 g	*Preiselbeeren (vorbereitet gewogen)*
125 ml (1/8 l)	*roter Portwein*
1 Beutel	*Gelfix Classic 1 : 1 (20 g)*
1150 g	*Zucker*

Zubereitungszeit: 40 Minuten
Haltbarkeit: kühl und dunkel gestellt 3–4 Monate

1. Preiselbeeren verlesen, abspülen, gut abtropfen lassen und 850 g abwiegen. Die Preiselbeeren mit dem Portwein in einen großen Kochtopf geben. Gelfix Classic zuerst mit 2 Esslöffeln der abgewogenen Zuckermenge mischen, dann mit der Preiselbeermasse gut verrühren.

2. Die Zutaten unter Rühren bei starker Hitze zum Kochen bringen. Sobald alles bei ständigem Rühren sprudelnd kocht, restlichen Zucker hinzufügen.

3. Alles unter Rühren wieder zum Kochen bringen und unter ständigem Rühren etwa 3 Minuten sprudelnd kochen lassen. Danach den Topf von der Kochstelle nehmen.

4. Das Kochgut evtl. abschäumen und sofort randvoll in vorbereitete Gläser füllen. Die Gläser mit Twist-off-Deckeln® verschließen, umdrehen und etwa 5 Minuten auf den Deckeln stehen lassen.

Preiselbeerkonfitüre mit Birnensaft

Klassisch

etwa 6 Gläser je 200 ml

Insgesamt: E: 3 g, F: 5 g, Kh: 1221 g, kJ: 20950, kcal: 5007, BE: 102,0

900 g	*Preiselbeeren (vorbereitet gewogen)*
100 ml	*Birnensaft (Handelsware)*
1 Beutel	*Gelfix Classic 1 : 1 (20 g)*
1150 g	*Zucker*

Zubereitungszeit: 40 Minuten
Haltbarkeit: kühl und dunkel gestellt 3–4 Monate

1. Preiselbeeren verlesen, abspülen, gut abtropfen lassen und 900 g abwiegen. Preiselbeeren und den Birnensaft in einen großen Kochtopf geben.

2. Gelfix Classic zuerst mit 2 Esslöffeln der abgewogenen Zuckermenge mischen, dann mit der Preiselbeermasse gut verrühren.

3. Die Zutaten unter Rühren bei starker Hitze zum Kochen bringen. Sobald die Preiselbeermischung bei ständigem Rühren sprudelnd kocht, restlichen Zucker hinzufügen.

4. Alles unter Rühren wieder zum Kochen bringen und unter ständigem Rühren mindestens 3 Minuten sprudelnd kochen lassen. Topf von der Kochstelle nehmen.

5. Das Kochgut evtl. abschäumen und sofort randvoll in vorbereitete Gläser füllen.

6. Die Gläser mit Twist-off-Deckeln® verschließen, umdrehen und etwa 5 Minuten auf den Deckeln stehen lassen.

Quittengelee mit Basilikum

Aromatisch – köstlich

etwa 4 Gläser je 200 ml

Insgesamt: E: 3 g, F: 3 g, Kh: 478 g, kJ: 8372, kcal: 2004, BE: 40,0

2 kg reife Quitten
5 EL Zitronensaft
1 l Wasser
5 Stängel Basilikum
100 g brauner Zucker (Rohrzucker)
300 g Zucker
1 Beutel Gelfix Extra 2:1 (25 g)

Außerdem:

1 Geschirrtuch (Mulltuch)

Zubereitungszeit: 60 Minuten, ohne Abtropfzeit
Haltbarkeit: kühl und dunkel gestellt 3–4 Monate

1. Von den Quitten den Flaum mit einem trockenen Tuch abreiben. Quitten abspülen, abtropfen lassen, vierteln, Kerne und Blütenansätze entfernen. Quittenviertel in etwa 1 cm dicke Scheiben schneiden.

2. Die Quittenscheiben mit Zitronensaft und Wasser in einem großen Kochtopf mischen, zum Kochen bringen und zugedeckt etwa 40 Minuten bei schwacher Hitze kochen lassen.

3. Ein Sieb mit einem feuchten Geschirrtuch (Mulltuch) auslegen. Quittenscheiben mit dem Saft hineingeben und abtropfen lassen, dabei den Saft auffangen.

4. Anschließend die Quittenscheiben mithilfe des Tuches ausdrücken und den Saft ebenfalls auffangen. Insgesamt 750 ml (3/4 l) Saft abmessen.

5. Basilikum abspülen und trocken tupfen. Die Blättchen von den Stängeln zupfen.

6. Den abgemessenen Saft in einen großen Kochtopf geben. Beide Zuckersorten mit Gelfix Extra mischen und mit dem Fruchtsaft gut verrühren.

7. Alles unter Rühren bei starker Hitze zum Kochen bringen und unter ständigem Rühren mindestens 3 Minuten sprudelnd kochen lassen. Basilikumblättchen in Streifen schneiden.

8. Den Topf von der Kochstelle nehmen. Das Kochgut evtl. abschäumen und Basilikumstreifen unterrühren.

9. Das Kochgut sofort randvoll in vorbereitete Gläser füllen.

10. Gläser mit Twist-off-Deckeln® verschließen, umdrehen und etwa 5 Minuten auf den Deckeln stehen lassen.

11. Gläser während des Erkaltens gelegentlich umdrehen, damit sich die Basilikumstreifen besser verteilen.

Tipps: Das Gelee schmeckt gut zu Quark, Frischkäse oder Camembert. Etwas Gelee und einige rosa Pfefferbeeren in den Bratensaft von Rindersteaks gerührt, gibt dem Bratensaft eine leichte Bindung und einen fein würzigen Geschmack.

Quittengelee Royal

Etwas Besonderes

7–8 Gläser je 200 ml

Insgesamt: E: 2 g, F: 2 g, Kh: 1045 g, kJ: 17776, kcal: 4257, BE: 87,0

1 1/2 kg reife Quitten (vorbereitet gewogen)
1 1/8 l Wasser
1 Beutel Gelfix Classic 1 : 1 (20 g)
1 kg Zucker

Außerdem:
1 Geschirrtuch (Mulltuch)

Zubereitungszeit: 60 Minuten, ohne Abtropfzeit
Haltbarkeit: kühl und dunkel gestellt etwa 1 Jahr

1. Von den Quitten den Flaum mit einem trockenen Tuch abreiben. Quitten abspülen, abtropfen lassen, vierteln, Kerne und Blütenansätze entfernen. Quittenviertel in Stücke schneiden und 1 1/2 kg abwiegen.

2. Quittenstücke mit Wasser in einen großen Kochtopf geben, zum Kochen bringen und zugedeckt etwa 40 Minuten bei schwacher Hitze kochen lassen.

3. Ein Sieb mit einem feuchten Geschirrtuch (Mulltuch) auslegen. Quittenstücke mit dem Saft hineingeben, gut abtropfen lassen, dabei den Saft auffangen und 850 ml abmessen. Den Fruchtsaft in einen großen Kochtopf geben. Gelfix Classic zuerst mit 2 Esslöffeln der abgewogenen Zuckermenge mischen, dann mit dem Fruchtsaft gut verrühren.

4. Die Zutaten unter Rühren bei starker Hitze zum Kochen bringen. Sobald alles bei ständigem Rühren sprudelnd kocht, restlichen Zucker hinzufügen. Alles unter Rühren wieder zum Kochen bringen und unter ständigem Rühren mindestens 3 Minuten sprudelnd kochen lassen. Den Topf von der Kochstelle nehmen.

5. Das Kochgut evtl. abschäumen und sofort randvoll in vorbereitete Gläser füllen. Die Gläser mit Twist-off-Deckeln® verschließen, umdrehen und etwa 5 Minuten auf den Deckeln stehen lassen.

Quittenkonfitüre

Klassisch

etwa 7 Gläser je 200 ml

Insgesamt: E: 5 g, F: 4 g, Kh: 1227 g, kJ: 21034, kcal: 5033, BE: 102,5

1 kg	*reife Quitten (vorbereitet gewogen)*
250 ml (1/4 l)	*Wasser*
1 Beutel	*Gelfix Classic 1 : 1 (20 g)*
1150 g	*Zucker*

Zubereitungszeit: 45 Minuten, ohne Abkühlzeit
Haltbarkeit: kühl und dunkel gestellt etwa 1 Jahr

1. Quitten mit einem Tuch trocken abreiben, um den Flaum zu entfernen. Quitten abspülen, abtropfen lassen, achteln, Kerne und Blütenansätze entfernen.

2. Quitten in kleine Stücke schneiden, mit Wasser in einem Topf zum Kochen bringen und zugedeckt etwa 20 Minuten kochen lassen. Den Topf von der Kochstelle nehmen, Quittenmasse abkühlen lassen und 1 kg abwiegen.

3. Die Quittenmasse in einen großen Kochtopf geben. Gelfix Classic zuerst mit 2 Esslöffeln der abgewogenen Zuckermenge mischen, dann mit der Quittenmasse gut verrühren.

4. Die Zutaten unter Rühren bei starker Hitze zum Kochen bringen. Sobald alles bei ständigem Rühren sprudelnd kocht, restlichen Zucker hinzufügen.

5. Alles unter Rühren wieder zum Kochen bringen und unter ständigem Rühren mindestens 3 Minuten sprudelnd kochen lassen. Den Topf von der Kochstelle nehmen.

6. Das Kochgut evtl. abschäumen und sofort randvoll in vorbereitete Gläser füllen.

7. Gläser mit Twist-off-Deckeln® verschließen, umdrehen und etwa 5 Minuten auf den Deckeln stehen lassen.

Rhabarber-Campari-Gelee mit rosa Pfefferbeeren

Mit Alkohol *(ohne Foto)*

etwa 6 Gläser je 200 ml

Insgesamt: E: 4 g, F: 2 g, Kh: 1036 g, kJ: 18007, kcal: 4304, BE: 86,5

1 kg	*Rhabarber (vorbereitet gewogen)*
250 ml (1/4 l)	*Wasser*
1 Beutel	*Gelfix Classic 1 : 1 (20 g)*
1 kg	*Zucker*
50 ml	*Campari*
2 TL	*getrocknete rosa Pfefferbeeren*

Außerdem:

1 Geschirrtuch (Mulltuch)

Zubereitungszeit: 50 Minuten, ohne Abtropf- und Abkühlzeit

Haltbarkeit: kühl und dunkel gestellt 3–4 Monate

1. Rhabarber abspülen, abtropfen lassen (nicht abziehen), Stielenden und Blattansätze entfernen. Die Stangen in sehr kleine Stücke schneiden und 1 kg abwiegen. Rhabarberstücke in einen Topf geben. Wasser hinzugießen und unter Rühren bis kurz vor dem Kochen erhitzen. Rhabarber zugedeckt etwa 5 Minuten ziehen lassen.

2. Ein großes Küchensieb mit einem feuchten Geschirrtuch (Mulltuch) auslegen, Rhabarberstücke mit dem Saft hineingeben, abtropfen lassen, dabei den Saft auffangen. Die Rhabarbermasse mithilfe des Geschirrtuches kräftig auspressen, dabei ebenfalls den Saft auffangen und abkühlen lassen.

3. Von dem Rhabarbersaft 800 ml Saft abmessen (evtl. mit Wasser auffüllen) und in einen großen Kochtopf geben.

4. Gelfix Classic zuerst mit 2 Esslöffeln der abgewogenen Zuckermenge mischen, dann mit dem Rhabarbersaft gut verrühren.

5. Die Zutaten unter Rühren bei starker Hitze zum Kochen bringen. Sobald alles bei ständigem Rühren sprudelnd kocht, restlichen Zucker hinzufügen. Alles unter Rühren wieder zum Kochen bringen und unter ständigem Rühren mindestens 3 Minuten sprudelnd kochen lassen. Den Topf von der Kochstelle nehmen. Campari und Pfefferbeeren unterrühren.

6. Das Kochgut evtl. abschäumen und sofort randvoll in vorbereitete Gläser füllen. Die Gläser mit Twist-off-Deckeln® verschließen, umdrehen und etwa 5 Minuten auf den Deckeln stehen lassen.

7. Die Gläser während des Erkaltens gelegentlich umdrehen, damit sich die Pfefferbeeren besser verteilen.

Verpackungstipp: Von einem Stück rotgold-glänzenden Stoff Kreise (etwa 4 cm größer als die Deckel) ausschneiden und mit feinem Golddraht oder mit einer Kordel über die Deckel spannen.

Rhabarbergelee

Raffiniert

7–8 Gläser je 200 ml

Insgesamt: E: 4 g, F: 1 g, Kh: 1021 g, kJ: 17416, kcal: 4163, BE: 85,0

1 ¼ kg	*Rhabarber (vorbereitet gewogen)*
375 ml (3/8 l)	*Wasser*
1 Beutel	*Gelfix Classic 1 : 1 (20 g)*
1 kg	*Zucker*

Außerdem:

1 Geschirrtuch (Mulltuch)

Zubereitungszeit: 50 Minuten, ohne Abtropf- und Abkühlzeit

Haltbarkeit: kühl und dunkel gestellt etwa 1 Jahr

1. Rhabarber abspülen, gut abtropfen lassen, Stielenden und Blattansätze entfernen. Rhabarberstangen in kleine Stücke schneiden und 1 1/4 kg abwiegen. Rhabarberstücke in einen großen Topf geben. Wasser hinzugießen. Die Rhabarberstücke unter Rühren bis kurz vor dem Kochen erhitzen und zugedeckt etwa 5 Minuten ziehen lassen.

2. Ein großes Küchensieb mit einem feuchten Geschirrtuch (Mulltuch) auslegen. Den Fruchtbrei hineingeben, abtropfen lassen, dabei den Saft auffangen. Den Fruchtbrei nach dem Erkalten kräftig auspressen. Von dem Rhabarbersaft 850 ml abmessen, erkalten lassen und in einen großen Kochtopf geben.

3. Gelfix Classic zuerst mit 2 Esslöffeln der abgewogenen Zuckermenge mischen, dann mit dem Rhabarbersaft gut verrühren. Die Zutaten unter Rühren bei starker Hitze zum Kochen bringen. Sobald alles bei ständigem Rühren sprudelnd kocht, restlichen Zucker hinzufügen.

4. Alles unter Rühren wieder zum Kochen bringen und unter Rühren mindestens 3 Minuten sprudelnd kochen lassen. Den Topf von der Kochstelle nehmen.

5. Das Kochgut evtl. abschäumen und sofort randvoll in vorbereitete Gläser füllen. Die Gläser mit Twist-off-Deckeln® verschließen, umdrehen und etwa 5 Minuten auf den Deckeln stehen lassen.

Tipp: Die abgeriebene Schale von 1 Bio-Zitrone (unbehandelt, ungewachst) mitkochen lassen oder 3–4 Esslöffel weißen Portwein oder Sherry unter die fertig gekochte Konfitüre rühren.

Rhabarber-Himbeer-Konfitüre mit Eierlikör

Etwas Besonderes – mit Alkohol

etwa 5 Gläser je 200 ml

Insgesamt: E: 13 g, F: 11 g, Kh: 553 g, kJ: 10720, kcal: 2530, BE: 46,0

500 g Rhabarber (vorbereitet gewogen)
380 g passierte Himbeeren (vorbereitet gewogen)
500 g Extra Gelierzucker 2 : 1
125 ml (1/8 l) Eierlikör

Zubereitungszeit: 45 Minuten
Haltbarkeit: kühl und dunkel gestellt 3–4 Monate

1. Den Rhabarber evtl. abziehen, abspülen, abtropfen lassen, Stielenden und Blattansätze entfernen. Die Stangen in kleine Stücke schneiden und 500 g abwiegen. Rhabarberstücke mit den passierten Himbeeren in einen großen Kochtopf geben. Die Rhabarberstücke mit einem Stabmixer fein pürieren. Extra Gelierzucker und Eierlikör zu dem Fruchtpüree in den Kochtopf geben und gut verrühren.

2. Die Zutaten unter Rühren bei starker Hitze zum Kochen bringen und unter ständigem Rühren mindestens 3 Minuten sprudelnd kochen lassen. Den Topf von der Kochstelle nehmen.

3. Das Kochgut evtl. abschäumen und sofort randvoll in vorbereitete Gläser füllen. Die Gläser mit Twist-off-Deckeln® verschließen, umdrehen und etwa 5 Minuten auf den Deckeln stehen lassen.

Tipp: Um 380 g durch ein Sieb passierte Himbeeren zu bekommen, werden 500 g verlesene, abgespülte, trocken getupfte und entstielte Himbeeren benötigt. Die Himbeeren zuerst pürieren und anschließend durch ein Sieb passieren.

Rhabarberkonfitüre

Raffiniert

etwa 7 Gläser je 200 ml

Insgesamt: E: 13 g, F: 11 g, Kh: 553 g, kJ: 10720, kcal: 2530, BE: 46,0

1 kg Rhabarber (vorbereitet gewogen)
1 Beutel Gelfix Classic 1 : 1 (20 g)
1150 g Zucker

Zubereitungszeit: 50 Minuten
Haltbarkeit: kühl und dunkel gestellt etwa 1 Jahr

1. Den Rhabarber putzen, abspülen, abtrocknen (nicht abziehen), die Stielenden und Blattansätze entfernen. Die Rhabarberstangen in sehr kleine Stücke schneiden und 1 kg abwiegen. Rhabarberstücke in einen großen Kochtopf geben.

2. Gelfix Classic zuerst mit 2 Esslöffeln der abgewogenen Zuckermenge mischen, dann mit den Rhabarberstücken gut verrühren.

3. Die Zutaten unter Rühren bei starker Hitze zum Kochen bringen. Sobald alles bei ständigem Rühren sprudelnd kocht, restlichen Zucker hinzufügen. Alles unter Rühren wieder zum Kochen bringen und unter ständigem Rühren mindestens 3 Minuten sprudelnd kochen lassen. Den Topf von der Kochstelle nehmen.

4. Das Kochgut evtl. abschäumen und sofort randvoll in vorbereitete Gläser füllen. Die Gläser mit Twist-off-Deckeln® verschließen, umdrehen und etwa 5 Minuten auf den Deckeln stehen lassen.

Tipps: 2 Teelöffel fein gewürfelten Ingwer mit Gelfix Classic in die Fruchtmasse geben und wie beschrieben weiterverarbeiten. 2–3 Esslöffel Amaretto unter die fertig gekochte Konfitüre rühren.

Sanddorngelee

Etwas Besonderes

etwa 4 Gläser je 200 ml

Insgesamt: E: 7 g, F: 16 g, Kh: 432 g, kJ: 8095, kcal: 1937, BE: 36,0

660 ml	*Sanddorn-Direktsaft (100 %, aus der Flasche)*
90 ml	*Orangensaft (Handelsware)*
1 Beutel	*Gelfix Extra 2 : 1 (25 g)*
400 g	*Zucker*

Zubereitungszeit: 25 Minuten
Haltbarkeit: kühl und dunkel gestellt 3–4 Monate

1. Sanddorn-Direktsaft und Orangensaft in einen großen Kochtopf geben. Gelfix Extra mit Zucker mischen und mit dem Saft gut verrühren.

2. Die Zutaten unter Rühren bei starker Hitze zum Kochen bringen und unter ständigem Rühren mindestens 3 Minuten sprudelnd kochen lassen. Den Topf von der Kochstelle nehmen.

3. Das Kochgut evtl. abschäumen und sofort randvoll in vorbereitete Gläser füllen. Die Gläser mit Twist-off-Deckeln® verschließen, umdrehen und etwa 5 Minuten auf den Deckeln stehen lassen.

Tipp: Sanddorn-Direktsaft bekommen Sie in Bio-Läden oder -abteilungen.

Sauerkirschgelee

Klassisch

6–7 Gläser je 200 ml

Insgesamt: E: 3 g, F: 4 g, Kh: 1105 g, kJ: 18991, kcal: 4544, BE: 92,0

850 ml	*Sauerkirschsaft (ungesüßt, von etwa 1 ½ kg entsteinten Sauerkirschen)*
1 Beutel	*Gelfix Classic 1 : 1 (20 g)*
1 kg	*Zucker*
1 Pck.	*Zitronensäure (5 g)*

Zubereitungszeit: 80 Minuten
Haltbarkeit: kühl und dunkel gestellt etwa 1 Jahr

1. Zum Entsaften Sauerkirschen abspülen, abtropfen lassen, entstielen und entkernen. Sauerkirschen mithilfe eines Schnellkochtopfes oder Dampfentsafters entsaften (Gebrauchsanleitung des Geräteherstellers beachten). Von dem Saft 850 ml abmessen.

2. Den Sauerkirschsaft in einen hohen Kochtopf geben. Gelfix Classic zuerst mit 2 Esslöffeln der abgewogenen Zuckermenge mischen, dann mit dem Saft und der Zitronensäure gut verrühren.

3. Die Zutaten unter Rühren bei starker Hitze zum Kochen bringen. Sobald alles bei ständigem Rühren sprudelnd kocht, restlichen Zucker hinzufügen.

4. Alles unter Rühren wieder zum Kochen bringen und unter ständigem Rühren mindestens 3 Minuten sprudelnd kochen lassen. Den Topf von der Kochstelle nehmen.

5. Das Kochgut evtl. abschäumen und sofort randvoll in vorbereitete Gläser füllen.

6. Die Gläser mit Twist-off-Deckeln® verschließen, umdrehen und etwa 5 Minuten auf den Deckeln stehen lassen.

Tipps: Anstatt die Sauerkirschen selbst zu entsaften, 850 ml Sauerkirschsaft (Handelsware) verwenden. 2 Teelöffel rosa Pfefferbeeren ab Punkt 3 mitkochen lassen. Die Gläser dann während des Erkaltens gelegentlich umdrehen, damit sich die Pfefferbeeren besser verteilen.

Sauerkirschgelee mit ganzen Früchten

Zum Verschenken – mit Alkohol

etwa 5 Gläser je 200 ml

Insgesamt: E: 3 g, F: 3 g, Kh: 571 g, kJ: 10498, kcal: 2481, BE: 47,5

1 kg TK-Sauerkirschen
125 ml (1/8 l) Wasser

150 g TK Sauerkirschen

200 ml trockener Sekt
500 g Extra Gelierzucker 2:1

Außerdem:
1 Geschirrtuch (Mulltuch)

Zubereitungszeit: 45 Minuten, ohne Auftau- und Abtropfzeit
Haltbarkeit: kühl und dunkel gestellt 3–4 Monate

1. Die gefrorenen Sauerkirschen mit Wasser in einem Topf zum Kochen bringen und etwa 10 Minuten bei schwacher Hitze kochen lassen.

2. 150 g TK-Sauerkirschen auftauen lassen, dabei den Saft auffangen. Sauerkirschen beiseitelegen.

3. Ein großes Küchensieb mit einem feuchten Geschirrtuch (Mulltuch) auslegen und über eine Schüssel hängen. Gekochte Sauerkirschmasse hineingeben und abtropfen lassen, dabei den Saft auffangen. Anschließend die Kirschmasse mithilfe des Geschirrtuches ausdrücken und ebenfalls den Saft auffangen. Von dem Sauerkirschsaft insgesamt 550 ml abmessen und mit dem Sekt in einen großen Kochtopf geben.

4. Extra Gelierzucker und die aufgetauten, beiseitegelegten Sauerkirschen zu der Saft-Sekt-Mischung in den Topf geben und gut verrühren.

5. Die Zutaten unter Rühren bei starker Hitze zum Kochen bringen und unter ständigem Rühren mindestens 3 Minuten sprudelnd kochen lassen. Den Topf von der Kochstelle nehmen.

6. Das Kochgut evtl. abschäumen und sofort randvoll in vorbereitete Gläser füllen. Die Gläser mit Twist-off-Deckeln® verschließen, umdrehen und etwa 5 Minuten auf den Deckeln stehen lassen.

Tipps: Sollten von der gekochten Sauerkirschmasse keine 550 ml Saft entstehen, dann den Saft von den aufgetauten Sauerkirschen hinzufügen. Statt TK-Sauerkirschen können auch frische Sauerkirschen (1 kg und 150 g), abgespült, abgetropft, entstielt und entsteint verwendet werden.

Sauerkirschgelee mit grünem Pfeffer

Etwas Besonderes

etwa 5 Gläser je 200 ml

Insgesamt: E: 2 g, F: 2 g, Kh: 502 g, kJ: 8650, kcal: 2069, BE: 42,0

1–2 TL	*eingelegter, grüner Pfeffer*
750 ml (3/4 l)	*Apfel-Kirsch-Saft (ungesüßt, Handelsware)*
400 g	*Zucker*
1 Beutel	*Gelfix Extra 2 : 1 (25 g)*

Zubereitungszeit: 15 Minuten
Haltbarkeit: kühl und dunkel gestellt 3–4 Monate

1. Die Pfefferkörner in einem Sieb unter fließendem kalten Wasser abspülen, abtropfen lassen und klein schneiden.

2. Saft in einen großen Kochtopf geben. Zucker mit Gelfix Extra mischen und unter den Saft rühren.

3. Die Zutaten unter Rühren bei starker Hitze zum Kochen bringen und unter ständigem Rühren mindestens 3 Minuten sprudelnd kochen lassen. Den Topf von der Kochstelle nehmen.

4. Das Kochgut evtl. abschäumen, Pfefferstückchen unterrühren.

5. Das Kochgut sofort randvoll in vorbereitete Gläser füllen. Die Gläser mit Twist-off-Deckeln® verschließen, umdrehen und etwa 5 Minuten auf den Deckeln stehen lassen.

6. Die Gläser während des Erkaltens gelegentlich umdrehen, damit sich die Pfefferstückchen gleichmäßig verteilen.

Tipps: Das Sauerkirschgelee schmeckt gut zu Frischkäse oder leicht erwärmt als Sauce zu warmem Schokoladenkuchen. Anstelle des grünen Pfeffers können Sie sehr gut Senfkörner verwenden. Dann schmeckt das Sauerkirschgelee besonders gut zu Wild und Sauerbraten.

Sauerkirschkonfitüre

Klassisch

etwa 7 Gläser je 200 ml

Insgesamt: E: 5 g, F: 5 g, Kh: 1264 g, kJ: 21773, kcal: 5208, BE: 105,5

600 ml	*Sauerkirschsaft (ungesüßt, von etwa 1,6 kg entsteinten Sauerkirschen)*
400 g	*Sauerkirschen (vorbereitet gewogen)*
1 Pck.	*Zitronensäure (5 g)*
1 Beutel	*Gelfix Classic 1 : 1 (20 g)*
1150 g	*Zucker*

Zubereitungszeit: 90 Minuten
Haltbarkeit: kühl und dunkel gestellt etwa 1 Jahr

1. Die Kirschen zum Entsaften abspülen, abtropfen lassen, entstielen, halbieren, entsteinen und mithilfe eines Schnellkochtopfes oder Dampfentsafters entsaften (bitte Gebrauchsanleitung des Geräteherstellers beachten), 600 ml abmessen.

2. Die restlichen Kirschen abspülen, abtropfen lassen, entstielen, halbieren, entsteinen und 400 g abwiegen.

3. Sauerkirschsaft, Kirschenhälften und Zitronensäure in einen großen Kochtopf geben.

4. Gelfix Classic zuerst mit 2 Esslöffeln der abgewogenen Zuckermenge mischen, dann mit der Kirschmasse gut verrühren.

5. Die Zutaten unter Rühren bei starker Hitze zum Kochen bringen. Sobald alles bei ständigem Rühren sprudelnd kocht, restlichen Zucker hinzufügen.

6. Alles unter Rühren wieder zum Kochen bringen und unter ständigem Rühren mindestens 3 Minuten sprudelnd kochen lassen. Den Topf von der Kochstelle nehmen.

7. Das Kochgut evtl. abschäumen und sofort randvoll in vorbereitete Gläser füllen.

8. Die Gläser mit Twist-off-Deckeln® verschließen, umdrehen und etwa 5 Minuten auf den Deckeln stehen lassen.

Variante 1: Für **Sauerkirsch-Vanille-Konfitüre** 1 Päckchen Dr. Oetker Finesse Bourbon-Vanille-Aroma mit Saft, Kirschen und Zitronensäure in den Kochtopf geben.

Variante 2: Für **Sauerkirsch-Amaretto-Konfitüre** 50 ml Amaretto nach dem Kochen unter die Konfitüre rühren.

Sauerkirsch-Renekloden-Konfitüre

Raffiniert *(ohne Foto)*

etwa 5 Gläser je 200 ml

Insgesamt: E: 5 g, F: 5 g, Kh: 1264 g, kJ: 21773, kcal: 5208, BE: 105,5

500 g	*Sauerkirschen (vorbereitet gewogen)*
500 g	*Renekloden (vorbereitet gewogen)*
350 g	*Diät Gelier-Fruchtzucker 3 : 1*

Zubereitungszeit: 60 Minuten
Haltbarkeit: kühl und dunkel gestellt 3–4 Monate

1. Die Sauerkirschen und Renekloden gut abspülen, abtropfen lassen, entstielen, halbieren und entsteinen. Sauerkirschen und Renekloden in kleine Stücke schneiden und insgesamt 1 kg abwiegen.

2. Die Fruchtmasse mit Diät Gelier-Fruchtzucker in einem großen Kochtopf gut verrühren. Die Zutaten unter Rühren bei starker Hitze zum Kochen bringen und unter ständigem Rühren mindestens 3 Minuten sprudelnd kochen lassen.

3. Das Kochgut evtl. abschäumen und sofort randvoll in vorbereitete Gläser füllen. Gläser mit Twist-off-Deckeln® verschließen, umdrehen und etwa 5 Minuten auf den Deckeln stehen lassen.

Schichtkonfitüre Erdbeer-Pfirsich

Raffiniert

etwa 5 Gläser je 200 ml

Insgesamt: E: 20 g, F: 29 g, Kh: 567 g, kJ: 11173, kcal: 2639, BE: 47,0

50 g gehobelte Mandeln

Für die Pfirsichkonfitüre:

500 g Pfirsiche (vorbereitet gewogen)
250 g Extra Gelierzucker 2:1

Für die Erdbeerkonfitüre:

470 g Erdbeeren (vorbereitet gewogen)
3 EL Zitronensaft
250 g Extra Gelierzucker 2:1

Zubereitungszeit: 45 Minuten, ohne Abkühlzeit
Haltbarkeit: kühl und dunkel gestellt 3–4 Monate

1. Die Mandeln in einer Pfanne ohne Fett unter Rühren goldbraun rösten, herausnehmen und auf einem Teller erkalten lassen.

2. Für die Pfirsichkonfitüre die Pfirsiche abspülen, abtropfen lassen und an der Unterseite kreuzweise einschneiden.

3. Die Pfirsiche kurz in kochendes Wasser legen, herausnehmen, mit kaltem Wasser abschrecken und die Haut abziehen. Pfirsiche halbieren und entsteinen.

4. Das Fruchtfleisch in etwa 1 cm große Würfel schneiden und 500 g abwiegen.

5. Die Pfirsichwürfel mit Extra Gelierzucker in einem kleinen Kochtopf (etwa 2-Liter-Inhalt) gut verrühren.

6. Für die Erdbeerkonfitüre die Erdbeeren putzen, abspülen, gut abtropfen lassen und entstielen. 470 g Erdbeeren abwiegen, in kleine Stücke schneiden und in einen zweiten kleinen Kochtopf (etwa 2-Liter-Inhalt) geben. Mit Zitronensaft und Extra Gelierzucker gut verrühren.

7. Die Zutaten unter Rühren bei starker Hitze zum Kochen bringen und unter ständigem Rühren mindestens 3 Minuten sprudelnd kochen lassen. Den Topf von der Kochstelle nehmen. Das Kochgut evtl. abschäumen.

8. Die Konfitüre jeweils etwa halbhoch in vorbereitete Gläser füllen. Zwei Drittel der Mandeln daraufstreuen.

9. Die Pfirsichmasse unter Rühren bei starker Hitze zum Kochen bringen und unter ständigem Rühren mindestens 3 Minuten sprudelnd kochen lassen. Den Topf von der Kochstelle nehmen.

10. Das Kochgut evtl. abschäumen. Restliche Mandeln unterheben und sofort in die bereits halbvoll gefüllten Gläser füllen.

11. Gläser mit Twist-off-Deckeln® verschließen. Gläser nach etwa 15 Minuten umdrehen und etwa 5 Minuten auf den Deckeln stehen lassen.

Tipp: Achten Sie bei den Schichtkonfitüren unbedingt darauf, dass Sie Früchte mit kräftig farbigem Fruchtfleisch (d.h. gelbfleischige Pfirsiche und eine intensiv rote Erdbeersorte) kaufen, nur so kommt der Farbkontrast gut zur Geltung.

Schichtkonfitüre Kürbis-Preiselbeer

Aromatisch – köstlich

etwa 5 Gläser je 200 ml

Insgesamt: E: 8 g, F: 2 g, Kh: 558 g, kJ: 9873, kcal: 2328, BE: 46,5

Für die Kürbiskonfitüre:

500 g	*Kürbis-Fruchtfleisch vom Hokkaido-Kürbis (vorbereitet gewogen)*
1 Stück	*Ingwer*
½	*Bio-Orange (unbehandelt, ungewachst)*
250 ml (¼ l)	*Orangensaft (von 4–5 Orangen und der ½ Bio-Orange)*
375 g	*Extra Gelierzucker 2:1*

Für Preiselbeerkonfitüre:

250 g	*Preiselbeeren (vorbereitet gewogen)*
125 g	*Extra Gelierzucker 2:1*

Zubereitungszeit: 50 Minuten
Haltbarkeit: kühl und dunkel gestellt 3–4 Monate

1. Für die Kürbiskonfitüre Kürbis schälen, halbieren, entkernen und in kleine Würfel schneiden. Von den Kürbiswürfeln 500 g abwiegen.

2. Ingwer schälen, in sehr kleine Würfel schneiden und ½ Teelöffel davon abmessen.

3. Die Orange heiß abwaschen, abtrocknen und die Schale dünn abschälen. Die Schale in feine Streifen schneiden. Die Orangen auspressen und 250 ml (¼ l) Saft abmessen.

4. Für die Preiselbeerkonfitüre Preiselbeeren verlesen, waschen, gut abtropfen lassen und 250 g abwiegen.

5. Für die Kürbiskonfitüre Kürbis- mit Ingwerwürfeln, Orangenschale und -saft in einen Kochtopf geben, mit einem Stabmixer zerkleinern. Extra Gelierzucker (375 g) gut unterrühren.

6. Die Zutaten unter Rühren bei starker Hitze zum Kochen bringen und unter ständigem Rühren mindestens 3 Minuten sprudelnd kochen lassen. Den Topf von der Kochstelle nehmen.

7. Das Kochgut evtl. abschäumen und gut die Hälfte davon sofort bis zu ein Drittel in die vorbereiteten Gläser füllen.

8. Für die Preiselbeerkonfitüre Preiselbeeren in einem kleinen Kochtopf (etwa 2-Liter-Inhalt) mit Extra Gelierzucker (125 g) gut verrühren, unter Rühren bei starker Hitze zum Kochen bringen und unter ständigem Rühren mindestens 3 Minuten sprudelnd kochen lassen. Den Topf von der Kochstelle nehmen.

9. Das Kochgut evtl. abschäumen und vorsichtig auf der Kürbiskonfitüre verteilen.

10. Die restliche Kürbiskonfitüre vorsichtig mit einem Esslöffel auf die Preiselbeerkonfitüre geben, bis die Gläser randvoll sind.

11. Gläser mit Twist-off-Deckeln® verschließen. Die Gläser nicht umdrehen, sonst laufen die Konfitüren ineinander.

Tipp: Konfitüre zu Geflügelaufschnitt oder zu mariniertem Fisch reichen.

Schichtkonfitüre Nektarine-Himbeer

Raffiniert

etwa 5 Gläser je 200 ml

Insgesamt: E: 11 g, F: 2 g, Kh: 588 g, kJ: 10459, kcal: 2471, BE: 49,0

Für die Himbeerkonfitüre:

500 g Himbeeren (vorbereitet gewogen)
1 TL Zitronenschale (von 1 Bio-Zitrone [unbehandelt, ungewachst])
1 EL Zitronensaft
5 Minzeblättchen
250 g Extra Gelierzucker 2 : 1

Für die Nektarinenkonfitüre:

500 g Nektarinen (vorbereitet gewogen)
1 Pck. Dr. Oetker Bourbon-Vanille-Zucker
250 g Extra Gelierzucker 2 : 1

Zubereitungszeit: 45 Minuten, ohne Abkühlzeit
Haltbarkeit: kühl und dunkel gestellt 3–4 Monate

1. Für die Himbeerkonfitüre Himbeeren verlesen und 500 g abwiegen. Zitrone heiß abwaschen, abtrocknen und ein Viertel der Schale abreiben.

2. Zitrone halbieren, den Saft auspressen und 1 Esslöffel davon abmessen. Die Minzeblättchen abspülen, trocken tupfen und in Streifen schneiden.

3. Für die Nektarinenkonfitüre Nektarinen kurz in kochendes Wasser legen, herausnehmen und in kaltem Wasser abschrecken. Von den Nektarinen die Haut abziehen. Nektarinen halbieren und entsteinen.

4. Das Fruchtfleisch in kleine Würfel schneiden und 500 g Fruchtfleisch abwiegen.

5. Für die Nektarinenkonfitüre die vorbereiteten Nektarinenwürfel und den Vanille-Zucker in einen kleinen Topf (etwa 2-Liter-Inhalt) geben. Mit Extra Gelierzucker gut verrühren.

6. Die Zutaten unter Rühren bei starker Hitze zum Kochen bringen und unter ständigem Rühren mindestens 3 Minuten sprudelnd kochen lassen. Den Topf von der Kochstelle nehmen.

7. Das Kochgut evtl. abschäumen und sofort bis zur Hälfte in vorbereitete Gläser füllen. Die Konfitüre etwa 15 Minuten abkühlen lassen.

8. Für die Himbeerkonfitüre vorbereitete Himbeeren, Zitronenschale und den Zitronensaft in einen kleinen Topf (etwa 2-Liter-Inhalt) geben. Mit Extra Gelierzucker gut verrühren.

9. Die Zutaten unter Rühren bei starker Hitze zum Kochen bringen und unter ständigem Rühren mindestens 2 Minuten sprudelnd kochen lassen.

10. Die Minzestreifen hinzufügen, wieder zum Kochen bringen und unter ständigem Rühren noch 1 Minute sprudelnd kochen lassen. Den Topf von der Kochstelle nehmen.

11. Das Kochgut evtl. abschäumen und vorsichtig mit einem Esslöffel auf der Nektarinenkonfitüre verteilen, bis die Gläser randvoll sind.

12. Die Gläser mit Twist-off-Deckeln® verschließen und erkalten lassen. Nicht stürzen, sonst laufen die Konfitüren ineinander.

Tipp: Statt Nektarinen können auch 500 g Aprikosen (vorbereitet gewogen) verwendet werden.

Schoko-Birnen-Gelee

Mit Alkohol

etwa 5 Gläser je 200 ml

Insgesamt: E: 9 g, F: 5 g, Kh: 728 g, kJ: 13278, kcal: 3158, BE: 60,5

400 ml	*Schokoladensirup*
400 ml	*Birnennektar (Handelsware)*
100 ml	*Schokoladenlikör*
1 Pck.	*Dr. Oetker Bourbon-Vanille-Zucker*
350 g	*Zucker*
1 Beutel	*Gelfix Super 3 : 1 (25 g)*

Zubereitungszeit: 20 Minuten
Haltbarkeit: kühl und dunkel gestellt 3–4 Monate

1. Schokoladensirup, Birnennektar, Schokoladenlikör und Vanille-Zucker in einen großen Kochtopf geben. Abgewogene Zuckermenge mit Gelfix Super mischen, dann mit der Masse gut verrühren.

2. Die Zutaten unter Rühren bei starker Hitze zum Kochen bringen und unter ständigem Rühren mindestens 3 Minuten sprudelnd kochen lassen. Den Topf von der Kochstelle nehmen.

3. Das Kochgut evtl. abschäumen und sofort randvoll in vorbereitete Gläser füllen.

4. Die Gläser mit Twist-off-Deckeln® verschließen, umdrehen und etwa 5 Minuten auf den Deckeln stehen lassen.

Schokoladige Kirschkonfitüre

Mit Alkohol

etwa 5 Gläser je 200 ml

Insgesamt: E: 18 g, F: 47 g, Kh: 627 g, kJ: 13242, kcal: 3161, BE: 52,5

900 g	*TK-Sauerkirschen*
100 g	*Edelbitter-Schokolade (etwa 70 % Kakaoanteil)*
500 g	*brauner Zucker (Rohrzucker)*
1 Beutel	*Gelfix Extra 2 : 1 (25 g)*
40–50 ml	*Kirschwasser*

Zubereitungszeit: 35 Minuten, ohne Auftauzeit
Haltbarkeit: kühl und dunkel gestellt 3–4 Monate

1. Sauerkirschen in einem großen Kochtopf auftauen lassen. Die Sauerkirschen mit einer Gabel zerdrücken oder mit einem Stabmixer etwas zerkleinern. Schokolade in Stücke brechen und beiseitelegen.

2. Abgewogenen Zucker mit Gelfix Extra mischen und mit der Sauerkirschmasse gut verrühren.

3. Die Zutaten unter Rühren bei starker Hitze zum Kochen bringen und unter ständigem Rühren mindestens 3 Minuten sprudelnd kochen lassen. Den Topf von der Kochstelle nehmen. Die Schokoladenstücke unter die Sauerkirschmasse geben und unter Rühren schmelzen. Kirschwasser ebenfalls unterrühren.

4. Das Kochgut evtl. abschäumen und sofort randvoll in vorbereitete Gläser füllen. Die Gläser mit Twist-off-Deckeln® verschließen, umdrehen und etwa 5 Minuten auf den Deckeln stehen lassen.

Tipps: Braunen Zucker durch Kandisfarin ersetzen. Schokoladige Kirschkonfitüre zu Vanilleeis reichen.

Stachelbeer-Pfirsich-Konfitüre

Etwas Besonderes

(ohne Foto)

etwa 5 Gläser je 200 ml

Insgesamt: E: 8 g, F: 1 g, Kh: 349 g, kJ: 6176, kcal: 1474, BE: 29,0

500 g	*Stachelbeeren (vorbereitet gewogen)*
500 g	*gelbe Pfirsiche (vorbereitet gewogen)*
250 g	*Zucker oder Fruchtzucker*
1 Beutel	*Gelfix Super 3 : 1 (25 g)*

Zubereitungszeit: 55 Minuten
Haltbarkeit: kühl und dunkel gestellt 3–4 Monate

1. Stachelbeeren von den Blütenansätzen und Stielen befreien. Stachelbeeren abspülen, gut abtropfen lassen, in kleine Stücke schneiden und 500 g abwiegen.

2. Pfirsiche abspülen, abtropfen lassen, kurz in kochendes Wasser legen, herausnehmen und in kaltem Wasser abschrecken. Pfirsiche enthäuten, halbieren, entsteinen, in kleine Stücke schneiden und 500 g abwiegen.

3. Die vorbereiteten Früchte in einen großen Kochtopf geben. Das abgewogene Süßungsmittel (Zucker oder Fruchtzucker) mit Gelfix Super mischen, dann mit der Fruchtmasse gut verrühren.

4. Die Zutaten unter Rühren bei starker Hitze zum Kochen bringen und unter ständigem Rühren mindestens 3 Minuten sprudelnd kochen lassen. Den Topf von der Kochstelle nehmen.

5. Das Kochgut evtl. abschäumen und sofort randvoll in vorbereitete Gläser füllen.

6. Die Gläser mit Twist-off-Deckeln® verschließen, umdrehen und etwa 5 Minuten auf den Deckeln stehen lassen.

Süßkirschkonfitüre

Für Kinder

etwa 7 Gläser je 200 ml

Insgesamt: E: 9 g, F: 3 g, Kh: 1287 g, kJ: 21964, kcal: 5253, BE: 107,5

1 kg	*Süßkirschen (vorbereitet gewogen)*
1 Beutel	*Gelfix Classic 1 : 1 (20 g)*
1150 g	*Zucker*
3 EL	*Zitronensaft*

Zubereitungszeit: 40 Minuten
Haltbarkeit: kühl und dunkel gestellt etwa 1 Jahr

1. Die Kirschen abspülen, gut abtropfen lassen, entstielen, halbieren, entsteinen und 1 kg abwiegen. Die Kirschen evtl. zerkleinern und in einen großen Kochtopf geben.

2. Gelfix Classic zuerst mit 2 Esslöffeln der abgewogenen Zuckermenge mischen, dann mit der Kirschmasse gut verrühren.

3. Die Zutaten unter Rühren bei starker Hitze zum Kochen bringen. Sobald alles bei ständigem Rühren sprudelnd kocht, restlichen Zucker hinzufügen.

4. Alles unter Rühren wieder zum Kochen bringen und unter ständigem Rühren mindestens 3 Minuten sprudelnd kochen lassen. Den Topf von der Kochstelle nehmen. Zitronensaft unterrühren.

5. Das Kochgut evtl. abschäumen und sofort randvoll in vorbereitete Gläser füllen. Die Gläser mit Twist-off-Deckeln® verschließen, umdrehen und etwa 5 Minuten auf den Deckeln stehen lassen.

Tipp: Für Erwachsene zusätzlich 3–4 Esslöffel Rum oder Kirschwasser unter die fertig gekochte Konfitüre rühren.

Weinbergkonfitüre

Mit Alkohol

etwa 5 Gläser je 200 ml

Insgesamt: E: 7 g, F: 1 g, Kh: 465 g, kJ: 8349, kcal: 1997, BE: 38,5

700 g	*Weinbergpfirsiche (vorbereitet gewogen)*
100 ml	*trockener Weißwein, z. B. Riesling*
1 Pck.	*Dr. Oetker Finesse Geriebene Zitronenschale*
200 g	*blaue Weintrauben (vorbereitet gewogen)*
350 g	*Zucker*
1 Beutel	*Gelfix Super 3 : 1 (25 g)*

Zubereitungszeit: 50 Minuten
Haltbarkeit: kühl und dunkel gestellt etwa 1 Jahr

1. Die Pfirsiche abspülen, abtropfen lassen und an der Unterseite kreuzweise einschneiden. Pfirsiche kurz in kochendes Wasser legen, herausnehmen und mit kaltem Wasser abschrecken. Die Haut abziehen. Pfirsiche halbieren und entsteinen. 700 g Fruchtfleisch abwiegen und in etwa 1 cm große Würfel schneiden.

2. Pfirsichwürfel mit Wein und Zitronenschale in einem großen Kochtopf verrühren. Weintrauben gut abspülen, trocken tupfen, halbieren und entkernen (sehr große Weintrauben vierteln). Die Weintraubenhälften zu den Pfirsichwürfeln in den Kochtopf geben. Abgewogene Zuckermenge mit Gelfix Super mischen und gut unter die Fruchtmasse rühren.

3. Die Zutaten unter Rühren bei starker Hitze zum Kochen bringen und unter ständigem Rühren mindestens 3 Minuten sprudelnd kochen lassen. Den Topf von der Kochstelle nehmen.

4. Das Kochgut evtl. abschäumen und sofort randvoll in vorbereitete Gläser füllen. Die Gläser mit Twist-off-Deckeln® verschließen, umdrehen und etwa 5 Minuten auf den Deckeln stehen lassen. Gläser während des Erkaltens gelegentlich umdrehen, damit sich die Weintrauben besser verteilen.

Tipp: Die Konfitüre schmeckt gut zu Milchreis und eignet sich als Füllung für Biskuittorten oder -rollen.

Weinbergkonfitüre mit Zitronenmelisse

Mit Alkohol

etwa 7 Gläser je 200 ml

Insgesamt: E: 10 g, F: 1 g, Kh: 598 g, kJ: 11145, kcal: 2664, BE: 50,0

1 1/4 kg	*Weinbergpfirsiche (vorbereitet gewogen)*
250 ml (1/4 l)	*Weißwein, z. B. Riesling*
500 g	*Super Gelierzucker 3 : 1*
1 Pck.	*Zitronensäure (5 g)*
1 EL	*Zitronenmelisseblättchen, in Streifen geschnitten*

Zubereitungszeit: 40 Minuten
Haltbarkeit: kühl und dunkel gestellt etwa 1 Jahr

1. Die Pfirsiche abspülen und abtropfen lassen. Zwei Drittel der Pfirsiche an der Unterseite kreuzweise einschneiden. Pfirsiche kurz in kochendes Wasser legen, herausnehmen und mit kaltem Wasser abschrecken. Die Haut abziehen. Alle Pfirsiche halbieren und entsteinen. 1 1/4 kg Fruchtfleisch abwiegen und klein schneiden.

2. Die Pfirsichstücke und Weißwein in einen großen Kochtopf geben, mit Super Gelierzucker und Zitronensäure gut verrühren.

3. Die Zutaten unter Rühren bei starker Hitze zum Kochen bringen und unter ständigem Rühren etwa 2 Minuten sprudelnd kochen lassen. Die Zitronenmelissestreifen hinzufügen und noch 1 Minute unter Rühren sprudelnd kochen lassen. Den Topf von der Kochstelle nehmen.

4. Das Kochgut evtl. abschäumen und sofort randvoll in vorbereitete Gläser füllen. Die Gläser mit Twist-off-Deckeln® verschließen, umdrehen und etwa 5 Minuten auf den Deckeln stehen lassen. Gläser während des Erkaltens gelegentlich umdrehen, damit sich die Zitronenmelissestreifen besser verteilen.

Tipp: Statt Zitronenmelisse Pfefferminze nehmen.

Weintraubengelee mit Duftrosen

Mit Alkohol – zum Verschenken

etwa 6 Gläser je 200 ml

Insgesamt: E: 7 g, F: 2 g, Kh: 642 g, kJ: 12190, kcal: 2911, BE: 53,5

1 1/2 kg	*Weintrauben, z. B. Muskattraube*
250 ml (1/4 l)	*Weißwein, z. B. Riesling*
2–3	*Duftrosen, z. B. Augusta Luise oder Sutters Gold (ungespritzt, beim Blumenhändler bestellen oder aus dem eigenen Garten)*
100 g	*Weintrauben (vorbereitet gewogen)*
50 ml	*Weißwein, z. B. Riesling*
500 g	*Super Gelierzucker 3 : 1*
1 Pck.	*Zitronensäure (5 g)*

Außerdem:

1	*Geschirrtuch (Mulltuch)*

Zubereitungszeit: 60 Minuten, ohne Abkühl- und Abtropfzeit

Haltbarkeit: kühl und dunkel gestellt 3–4 Monate

1. Weintrauben abspülen, abtropfen lassen und entstielen. Weintrauben mit Weißwein in einen Kochtopf geben, zum Kochen bringen, etwa 10 Minuten kochen und erkalten lassen.

2. Ein großes Küchensieb mit einem feuchten Geschirrtuch (Mulltuch) auslegen. Weintrauben mit dem Saft hineingeben, abtropfen lassen, dabei den Saft auffangen.

3. Anschließend die Weintrauben mithilfe des Tuches ausdrücken und ebenfalls den Saft auffangen. Insgesamt 1100 ml Saft abmessen und abkühlen lassen.

4. Die Duftrosen in Blütenblätter zerteilen, abspülen und auf Küchenpapier gut abtropfen lassen. Die Weintrauben abspülen, gut abtropfen lassen, halbieren, entkernen und 100 g abwiegen.

5. Den abgemessenen Weintraubensaft und Weißwein in einen großen Kochtopf geben, mit Super Gelierzucker und Zitronensäure gut verrühren.

6. Alles unter Rühren bei starker Hitze zum Kochen bringen und unter ständigem Rühren mindestens 2 Minuten sprudelnd kochen lassen. Weintraubenhälften hinzufügen und nochmals 1 Minute unter ständigem Rühren sprudelnd kochen lassen. Den Topf von der Kochstelle nehmen. Das Kochgut evtl. abschäumen.

7. Jeweils 4–5 Rosenblätter in die vorbereiteten Gläser geben. Das Kochgut sofort randvoll in die Gläser füllen und dabei darauf achten, dass in jedem Glas 4–5 Weintraubenhälften sind.

8. Gläser mit Twist-off-Deckeln® verschließen, umdrehen und etwa 5 Minuten auf den Deckeln stehen lassen.

9. Gläser während des Erkaltens gelegentlich umdrehen, damit sich die Weintraubenhälften und die Rosenblätter besser verteilen.

Weintrauben-Kiwi-Konfitüre

Zum Verschenken

etwa 5 Gläser je 200 ml

Insgesamt: E: 8 g, F: 5 g, Kh: 637 g, kJ: 11325, kcal: 2708, BE: 53,0

500 g	*kernlose, grüne Weintrauben (vorbereitet gewogen)*
500 g	*Kiwi-Fruchtfleisch (von 7–8 Kiwis, vorbereitet gewogen)*
1 Beutel	*Gelfix Extra 2 : 1 (25 g)*
500 g	*Zucker*
1 Pck.	*Zitronensäure (5 g)*

Zubereitungszeit: 40 Minuten
Haltbarkeit: kühl und dunkel gestellt 3–4 Monate

1. Weintrauben abspülen, gut abtropfen lassen, entstielen, halbieren, in dünne Scheiben schneiden und 500 g abwiegen. Die Kiwis dünn schälen, zunächst der Länge nach in sechs Spalten schneiden, dann in dünne Scheiben schneiden. Von den Kiwischeiben 500 g abwiegen.

2. Die vorbereiteten Früchte in einen großen Kochtopf geben. Gelfix Extra mit Zucker und Zitronensäure mischen, zu den Früchten in den Topf geben und gut verrühren.

3. Die Zutaten unter Rühren bei starker Hitze zum Kochen bringen und unter ständigem Rühren mindestens 3 Minuten sprudelnd kochen lassen. Den Topf von der Kochstelle nehmen.

4. Das Kochgut evtl. abschäumen und sofort randvoll in vorbereitete Gläser füllen.

5. Die Gläser mit Twist-off-Deckeln® verschließen, umdrehen und etwa 5 Minuten auf den Deckeln stehen lassen.

Weintrauben-Sekt-Konfitüre

Mit Alkohol

etwa 5 Gläser je 200 ml

Insgesamt: E: 4 g, F: 2 g, Kh: 906 g, kJ: 16079, kcal: 3847, BE: 75,5

600 g	*kernlose, grüne Weintrauben (vorbereitet gewogen)*
200 ml	*Sekt oder heller Traubensaft (Handelsware)*
1 Pck.	*Zitronensäure (5 g)*
1 Beutel	*Gelfix Classic 1 : 1 (20 g)*
800 g	*Zucker*

Zubereitungszeit: 25 Minuten
Haltbarkeit: kühl und dunkel gestellt etwa 1 Jahr

1. Weintrauben abspülen, abtropfen lassen, entstielen, halbieren und 600 g abwiegen. Weintrauben, Sekt oder Traubensaft und Zitronensäure in einen großen Kochtopf geben.

2. Gelfix Classic zuerst mit 2 Esslöffeln der abgewogenen Zuckermenge mischen, dann mit der Fruchtmasse gut verrühren.

3. Die Zutaten unter Rühren bei starker Hitze zum Kochen bringen. Sobald alles bei ständigem Rühren sprudelnd kocht, restlichen Zucker hinzufügen.

4. Alles unter Rühren wieder zum Kochen bringen und unter ständigem Rühren mindestens 3 Minuten sprudelnd kochen lassen. Topf von der Kochstelle nehmen.

5. Das Kochgut evtl. abschäumen und sofort randvoll in vorbereitete Gläser füllen.

6. Die Gläser mit Twist-off-Deckeln® verschließen, umdrehen und etwa 5 Minuten auf den Deckeln stehen lassen.

7. Gläser während des Erkaltens gelegentlich umdrehen, damit sich die Weintrauben besser verteilen.

Tipp: Apfelwein statt Sekt verwenden.

Würzige Vierfruchtkonfitüre

Für Gäste

etwa 5 Gläser je 200 ml

Insgesamt: E: 5 g, F: 2 g, Kh: 643 g, kJ: 10941, kcal: 2616, BE: 53,5

250 g	*Cranberrys (vorbereitet gewogen)*
250 g	*Äpfel (vorbereitet gewogen)*
250 g	*reife Birnen (vorbereitet gewogen)*
250 g	*Pflaumen (vorbereitet gewogen)*
je 1 Msp.	*gemahlener Zimt, Nelken und Piment*
	abgeriebene Schale von
1	*Bio-Zitrone (unbehandelt, ungewachst)*
2 EL	*Zitronensaft*
1 Beutel	*Gelfix Extra 2 : 1 (25 g)*
500 g	*Zucker*

Zubereitungszeit: 45 Minuten
Haltbarkeit: kühl und dunkel gestellt 3–4 Monate

1. Cranberrys abspülen, gut abtropfen lassen, halbieren und 250 g abwiegen. Äpfel schälen, vierteln, entkernen, in kleine Stücke schneiden und 250 g abwiegen. Birnen schälen, vierteln, entkernen, in kleine Stücke schneiden und 250 g abwiegen. Pflaumen gut abspülen, gut abtropfen lassen, halbieren, entsteinen, in kleine Stücke schneiden und 250 g abwiegen.

2. Vorbereitete Früchte mit den Gewürzen, Zitronenschale und -saft in einen großen Kochtopf geben. Gelfix Extra mit Zucker mischen und mit der Fruchtmasse gut verrühren.

3. Die Zutaten unter Rühren bei starker Hitze zum Kochen bringen und unter ständigem Rühren mindestens 3 Minuten sprudelnd kochen lassen. Den Topf von der Kochstelle nehmen.

4. Das Kochgut evtl. abschäumen und sofort randvoll in vorbereitete Gläser füllen. Die Gläser mit Twist-off-Deckeln® verschließen, umdrehen und etwa 5 Minuten auf den Deckeln stehen lassen.

Zitronengelee mit Schale

Raffiniert

etwa 6 Gläser je 200 ml

Insgesamt: E: 4 g, F: 1 g, Kh: 1030 g, kJ: 17964, kcal: 4296, BE: 86,0

30 g	*Zitronenschale (von 2–3 Bio-Zitronen [unbehandelt, ungewachst], vorbereitet gewogen)*
850 ml	*Zitronensaft (von etwa 18 Zitronen)*
1 Beutel	*Gelfix Classic 1 : 1 (20 g)*
1 kg	*Zucker*

Zubereitungszeit: 35 Minuten
Haltbarkeit: kühl und dunkel gestellt etwa 1 Jahr

1. Bio-Zitronen heiß abwaschen, abtrocknen und die Schale mit einem Zestenreißer abziehen. Oder die Zitronen dünn schälen und die Schale in sehr feine Streifen schneiden. Von den Zitronenschalenstreifen 30 g abwiegen. Die Zitronen halbieren, den Saft auspressen und 850 ml abmessen.

2. Zitronensaft und -schale in einen großen Kochtopf geben. Gelfix Classic zuerst mit 2 Esslöffeln der abgewogenen Zuckermenge mischen, dann mit dem Zitronensaft verrühren.

3. Die Zutaten unter Rühren bei starker Hitze zum Kochen bringen. Sobald alles bei ständigem Rühren sprudelnd kocht, restlichen Zucker hinzufügen. Alles unter Rühren wieder zum Kochen bringen und unter ständigem Rühren mindestens 3 Minuten sprudelnd kochen lassen. Den Topf von der Kochstelle nehmen.

4. Das Kochgut evtl. abschäumen und sofort randvoll in vorbereitete Gläser füllen.

5. Die Gläser mit Twist-off-Deckeln® verschließen, umdrehen und etwa 5 Minuten auf den Deckeln stehen lassen.

6. Die Gläser während des Erkaltens gelegentlich umdrehen, damit sich die Zitronenschale besser verteilt.

Tipps: Verwenden Sie anstatt 850 ml Zitronensaft 600 ml Zitronensaft und 250 ml (1/4 l) Pink-Grapefruitsaft. Ersetzen Sie 350 ml Zitronensaft durch Weißwein. Fügen Sie nach dem Abschäumen die Zesten von 1 Bio-Orange (unbehandelt, ungewachst), 1 Bio-Zitrone (unbehandelt, ungewachst) und 2 Bio-Limetten (unbehandelt, ungewachst) hinzu.

Variante 1: Zitronen-Minz-Gelee. Um dem Gelee eine frische Note zu verleihen, können Sie nach 2 Minuten Kochzeit 1 gehäuften Esslöffel gehackte Minze hinzufügen und noch 1 Minute mitkochen lassen.

Variante 2: Zitronen-Limetten-Gelee. Ersetzen Sie die Zitronenschale durch die Zesten von 1 Bio-Limette (unbehandelt, ungewachst). Reduzieren Sie den Zitronensaft um 40 ml und ersetzen Sie ihn durch den ausgepressten Saft der Limette.

Zitronengelee mit Kaffir-Limettenblättern

Aromatisch – köstlich

etwa 7 Gläser je 200 ml

Insgesamt: E: 3 g, F: 1 g, Kh: 1025 g, kJ: 17852, kcal: 4270, BE: 85,5

850 ml	*frisch gepresster Zitronensaft (von etwa 35 Zitronen, vorbereitet gewogen)*
1 Beutel	*Gelfix Classic 1 : 1 (20 g)*
1 kg	*Zucker*
3	*Kaffir-Limettenblätter*

Zubereitungszeit: 40 Minuten
Haltbarkeit: kühl und dunkel gestellt 3–4 Monate

1. Die Zitronen halbieren, den Saft auspressen und 850 ml abmessen. Den Zitronensaft in einen großen Kochtopf geben.

2. Gelfix Classic zuerst mit 2 Esslöffeln der abgewogenen Zuckermenge mischen, dann mit dem Zitronensaft gut verrühren. Kaffir-Limettenblätter abspülen, trocken tupfen und hinzufügen.

3. Die Zutaten unter Rühren bei starker Hitze zum Kochen bringen. Sobald alles bei ständigem Rühren sprudelnd kocht, restlichen Zucker hinzufügen.

4. Alles unter Rühren wieder zum Kochen bringen und unter ständigem Rühren mindestens 3 Minuten sprudelnd kochen lassen. Den Topf von der Kochstelle nehmen. Kaffir-Limettenblätter mit einer Schaumkelle herausnehmen und entfernen.

5. Das Kochgut evtl. abschäumen und sofort randvoll in vorbereitete Gläser füllen.

6. Die Gläser mit Twist-off-Deckeln® verschließen, umdrehen und etwa 5 Minuten auf den Deckeln stehen lassen.

Tipps: Kaffir-Limettenblätter erhalten Sie in Asialäden. Sie sind in Plastikbeuteln verpackt und einzeln entnehmbar. Restliche Kaffir-Limettenblätter können sehr gut eingefroren und nach Bedarf entnommen werden.

Zitrusgelee

Exotisch

etwa 6 Gläser je 200 ml

Insgesamt: E: 5 g, F: 1 g, Kh: 1063 g, kJ: 18253, kcal: 4365, BE: 88,5

400 ml frisch gepresster Orangensaft
200 ml frisch gepresster Grapefruitsaft
50 ml frisch gepresster Zitronensaft
1 Beutel Gelfix Classic 1 : 1 (20 g)
1 kg Zucker

Zubereitungszeit: 40 Minuten
Haltbarkeit: kühl und dunkel gestellt 3–4 Monate

1. Orangen-, Grapefruit- und Zitronensaft in einen großen Kochtopf geben.

2. Gelfix Classic zuerst mit 2 Esslöffeln der abgewogenen Zuckermenge mischen, dann mit dem Saft gut verrühren.

3. Die Saftmischung unter Rühren bei starker Hitze zum Kochen bringen. Sobald alles bei ständigem Rühren sprudelnd kocht, restlichen Zucker hinzufügen.

4. Die Zutaten unter Rühren wieder zum Kochen bringen und unter ständigem Rühren mindestens 3 Minuten sprudelnd kochen lassen. Den Topf von der Kochstelle nehmen.

5. Das Kochgut evtl. abschäumen und sofort randvoll in vorbereitete Gläser füllen. Die Gläser mit Twist-off-Deckeln® verschließen, umdrehen und etwa 5 Minuten auf den Deckeln stehen lassen.

Tipps: Für 400 ml Orangensaft werden 7–8 Orangen benötigt. Um 200 ml frisch gepressten Grapefruitsaft zu bekommen, werden etwa 3 Grapefruits gebraucht. Es können auch Pink-Grapefruits verwendet werden, sie sind etwas milder im Geschmack. Für 150 ml Zitronensaft benötigt man 4–5 Zitronen. Frisch gepressten Orangen- oder Grapefruitsaft bekommen Sie auch im Supermarkt an der Safttheke.

Konfitüren, Marmeladen und Gelees

Eine **Konfitüre** ist eine streichfähige Zubereitung aus Zuckerarten und einer oder mehreren Fruchtsorten. Eine **Marmelade** ist eine streichfähige Zubereitung aus Zuckerarten und Zitrusfrüchten.
Als **Gelees** bezeichnet man streichfähige Zubereitungen aus Zuckerarten und dem Saft einer oder mehrerer Fruchtsorten.

Haben Sie eine ganz bestimmte Lieblingsrezeptur für Konfitüre, Marmelade und Gelee? Dann können Sie diese nach traditioneller Art im Kochtopf auch schnell und einfach selbst zubereiten. Hierzu können Sie auf die zuckersparenden Extra und Super Gelierzucker zurückgreifen. Beide Produkte werden zu je 500 g angeboten. Auf den Packungen finden Sie die Angabe 2:1 bei Extra und 3:1 bei Super Gelierzucker. Diese spiegeln jeweils das bei der Zubereitung eingesetzte Verhältnis von Früchten zu Zucker wider. Im Vergleich zu den meisten Fertigkonfitüren, die häufig einen recht hohen Zuckergehalt haben, können Sie so bei Selbstgemachtem immer wieder neu bestimmen, wie süß oder fruchtig das Ergebnis sein soll. Schließlich ist so manche Frucht, wie beispielsweise die Erdbeere, schon von Natur aus süß. Bei Johannisbeeren hingegen darf es ruhig etwas mehr Zucker sein, um einen ausgewogenen Geschmack zu erzielen. Lecker fruchtige, weniger süße Konfitüren und Gelees erhalten Sie mit dem Extra Gelierzucker. Ein 500-g-Päckchen reicht genau für 1 kg vorbereitete Früchte oder 900 ml Saft. Und wer es besonders fruchtig mag, kann mit einem 500-g-Päckchen Super Gelierzucker 1 ½ kg Früchte oder 1 ¼ l Saft zu Konfitüre und Gelee verarbeiten. Probieren Sie doch einfach mal beide aus, vergleichen Sie und lassen Sie sich vom fruchtig frischen Aroma selbstgemachter Konfitüren, Marmeladen und Gelees verwöhnen.
Die Gelierfähigkeit von Konfitüren, Marmeladen und Gelees ist ebenfalls abhängig vom Pektingehalt der Früchte. Bitte halten Sie sich deshalb immer genau an das Rezept.

Beim Konfitürenkochen werden Obst und Gelierzucker vermischt und auf etwa 100 °C erhitzt. Danach wird die heiße Fruchtmasse sofort in ausgespülte, heiße Gläser gefüllt und verschlossen. Beim Abkühlen entsteht im Glas ein Unterdruck, so dass in den Konfitüregläsern ein Vakuum entsteht. Konfitüren, Marmeladen und Gelees (ohne Kräuter und Gewürzzugabe) sind auf diese Weise etwa 1 Jahr haltbar. Sie müssen nicht extra eingekocht werden.

So wird es gemacht:

Wenn Sie die Möglichkeit haben, z. B. Erdbeeren oder Himbeeren auf Feldern selbst zu ernten, sollten Sie dies unbedingt nutzen: Denn das süße Aroma der sonnengereiften Beeren ist ein Genuss. Ernten Sie nur so viel (möglichst in den frühen Morgenstunden), wie Sie am gleichen Tag noch verarbeiten können.
Kaufen und verarbeiten Sie ausschließlich Lebensmittel von höchster Qualität. Früchte mit Schimmelstellen müssen aussortiert werden. Druckstellen großzügig ausschneiden. Bei allen Obstsorten gilt: Die Früchte zunächst sorgfältig waschen oder verlesen. Früchte ggf. putzen (entsteinen) und große Früchte in Stücke schneiden.
Auch tiefgefrorene Früchte eignen sich hervorragend zur Herstellung von Konfitüren, Marmeladen und Gelees. Diese gefroren wiegen und erst danach auftauen lassen. Je nach Frucht das Obst grob pürieren und den entstehenden Saft bei der Zubereitung verwenden.
Vor dem Einfüllen die Twist-Off-Gläser® auf schadhafte Stellen überprüfen. Angeschlagene Gläser aussortieren, da sie nicht mehr luftdicht schließen. Die Deckel dürfen keine Roststellen aufweisen. Gläser und Deckel mit sehr heißem Wasser ausspülen und umgedreht auf einem sauberen Geschirrtuch abtropfen lassen.

Wenn Sie selbst hergestellten Saft ohne Zucker nutzen möchten, gibt es verschiedene Möglichkeiten zur Saftgewinnung:

- Die Früchte im Dampfentsafter nach zeitlichen Angaben des Geräteherstellers entsaften.
- Kleinere Fruchtmengen ohne Zucker mithilfe eines Schnellkochtopfes (im Siebeinsatz) nach Angaben des Geräteherstellers entsaften.
- Die Früchte mithilfe eines Siebes entsaften. Hierzu die Früchte klein schneiden, mit etwas Wasser in einem Kochtopf weich kochen. Ein feines Sieb mit einem feuchten Tuch, z. B. Geschirrtuch (Mulltuch), auslegen. Den Fruchtbrei auf das Tuch geben, den herabtropfenden Saft auffangen. Der Saft lässt sich auch gut in Portionen einfrieren.
- Zitrusfrüchte (z.B. Orangen, Zitronen, Grapefruit) können Sie einfach auspressen.

Die Tabelle zeigt Ihnen, wieviel Früchte (gewaschen, geputzt, entsteint, entstielt und grob zerkleinert) Sie etwa benötigen, um 1 l Fruchtsaft zu gewinnen.*

Äpfel:	1800 g
Birnen:	2700 g
Brombeeren:	1500 g
Erdbeeren:	1300 g
Himbeeren:	1800 g
Holunderbeeren:	1800 g
Johannisbeeren, rot:	1500 g
Johannisbeeren, schwarz:	1700 g
Pfirsiche:	1700 g
Quitten:	2300 g
Rhabarber:	1500 g
Sauerkirschen:	1600 g
Stachelbeeren:	1600 g
Weintrauben:	1700 g

**Diese Angaben unterliegen natürlichen Schwankungen, bedingt durch die jeweilige Art der Gewinnungsmethode und die Erntequalität.*

Achtung: Fruchtsaft, der mithilfe einer elektrischen Zentrifuge gewonnen wurde, ist für die Geleeherstellung nicht geeignet. Die Gelees sind nicht klar und können unangenehm grießig in der Konsistenz werden.

Die fertig gekochte Konfitüre, Marmelade oder das Gelee kochend heiß und randvoll in die ausgespülten Twist-off-Gläser® füllen. Sofort mit den Deckeln verschließen und etwa 5 Minuten umgedreht auf die Arbeitsfläche stellen. Dann wieder umdrehen und abkühlen lassen. Durch das Umdrehen der Gläser verstärkt man den Effekt des Vakuums.

Wichtig beim Marmeladenkochen: Den Topf groß genug wählen. Damit das Einkochgut sprudelnd kochen kann, sollte der Kochtopf nur etwa bis zur Hälfte gefüllt sein. Gelierzucker grundsätzlich mit dem kalten Obstbrei oder Saft verrühren, erst dann zum Kochen bringen. Generell alles sprudelnd kochen lassen – die angegebene Kochzeit (siehe Packungsanleitung) gilt erst ab dem sprudelnden Kochen.

Bei Rezepten mit einer nur geringen Alkohol-Zugabe (3–4 Esslöffel) den Alkohol immer erst nach Ende der Kochzeit unterrühren.
Wer mag, kann eine Gelierprobe durchführen: Nach der angegebenen Kochzeit etwas von der heißen Masse auf einen Teller tropfen lassen. Erstarren die Tropfen recht bald und bildet sich kein Wasserrand, ist genug gekocht worden. Ansonsten die Einkochmasse etwas länger kochen lassen.
Oder 1 Päckchen Zitronensäure unter die kochende Fruchtmasse rühren.

Einmachprodukte

Gelierzucker

Dr. Oetker Gelierzucker enthält das pflanzliche Geliermittel Pektin, das aus Äpfeln und Zitrusfrüchten gewonnen wird. Da Geliermittel und Zucker bereits gemischt sind, ist die Zubereitung besonders schnell und einfach – ideal für Einsteiger.

Extra Gelierzucker 2:1
Mit Dr. Oetker Extra Gelierzucker 2:1 können Sie extra fruchtige und weniger süße Konfitüren, Marmeladen und Gelees herstellen. Für 1 Packung Extra Gelierzucker (500 g) benötigen Sie 1 kg Früchte bzw. 900 ml Fruchtsaft. Für die Herstellung eines Gelees ist es auch möglich, jeden im Handel erhältlichen Saft oder Nektar zu verwenden (mit Ausnahme von Traubensaft).

Super Gelierzucker 3:1
Dem Trend zur Zuckerreduzierung entspricht neben dem Dr. Oetker Extra Gelierzucker 2:1 auch Dr. Oetker Super Gelierzucker 3:1. Mit Super Gelierzucker können

Sie noch weniger süße, dafür super fruchtige Konfitüren, Marmeladen und Gelees herstellen.
Für 1 Packung Super Gelierzucker (500 g) benötigen Sie 1 ½ kg Früchte bzw. 1 ¼ l Fruchtsaft. Für die Herstellung eines Gelees ist es auch möglich, jeden im Handel erhältlichen Saft oder Nektar zu verwenden (mit Ausnahme von Traubensaft).

Gelfix

Dr. Oetker Gelfix enthält das pflanzliche Geliermittel Pektin, das aus Äpfeln und Zitrusfrüchten gewonnen wird.

Gelfix Classic 1:1
Mit Dr. Oetker Gelfix Classic 1:1 können Sie Ihre klassisch-süßen Lieblings-Konfitüren, -Marmeladen und -Gelees herstellen. Sie benötigen hier etwa das gleiche Verhältnis von Frucht und Zucker, d.h. ein Beutel Gelfix Classic ist ausreichend für 1 kg vorbereitete Früchte und 1150 g Zucker. Für Gelees benötigen Sie 850 ml Fruchtsaft und 1 kg Zucker.

Gelfix Extra 2:1
Mit Dr. Oetker Gelfix Extra 2:1 lassen sich besonders fruchtige und weniger süße Konfitüren, Marmeladen und Gelees zubereiten. Hier ist bei Ihren Einmach-Schätzen der Frucht- bzw. Saftanteil etwa doppelt so hoch wie die benötigte Zuckermenge. Sie benötigen pro Beutel Gelfix Extra 1 kg vorbereitete Früchte und 500 g Zucker bzw. für Gelees 750 ml Fruchtsaft und 400 g Zucker. Für die Herstellung eines Gelees ist es auch möglich, jeden im Handel erhältlichen Saft oder Nektar

zu verwenden (mit Ausnahme von Traubensaft). Bei Gelfix Classic und Extra haben Sie nicht nur bei den Früchten die freie Wahl, sondern auch bei der Zuckersorte: Sie können ganz nach Belieben auch Rohr- oder braunen Zucker verwenden und Ihrer Konfitüre damit eine leichte Karamell-Note geben.

Gelfix Super 3:1

Mit Dr. Oetker Gelfix Super 3:1 wird Fruchtgenuss weniger süß, denn für 1 kg vorbereitete Früchte bzw. 900 ml Saft sind nur 350 g Süßungsmittel erforderlich. Für die Herstellung eines Gelees ist es auch möglich, jeden im Handel erhältlichen Saft oder Nektar zu verwenden (mit Ausnahme von Traubensaft).
Bei den Süßungsmitteln können Sie zwischen Zucker, Fruchtzucker und Sorbit wählen. Außerdem ist eine Zubereitung ausschließlich mit flüssigem Süßstoff möglich: Pro Beutel Gelfix Super werden dann für 1 kg vorbereitete Früchte 25 ml Flüssigsüße benötigt.

Zitronensäure

Ein Beutel Zitronensäure vor dem Kochen unter die Fruchtmasse gerührt, unterstützt die Gelierung und rundet die natürlich-fruchtige Geschmacksnote jeder Einmachkreation ab.

Tipps & Tricks

Für eine schöne Optik und einen guten Geschmack können Sie einem Gelee z. B. Fruchtstücke, Nüsse, Kräuter oder Zesten von Zitrusfrüchten zufügen. Drehen Sie die Gläser während des Erkaltens öfter, damit sich die Zutaten gleichmäßig im Gelee verteilen. Für die Zubereitung von Weingelee sollten Sie nur Gelfix Classic verwenden, da das Gelee bei der Zubereitung mit anderen Gelierprodukten nicht fest wird.
Fruchtsaft hat einen Fruchtanteil von 100 %. Fruchtsaft darf sich nur ein reiner, unverdünnter Saft aus frischen Früchten nennen. Fruchtnektar ist ein Gemisch aus Fruchtsaft bzw. Fruchtmark, Trinkwasser und Zucker. Der Mindestfruchtanteil liegt je nach Fruchtart zwischen 25 % und 50 %. Fruchtnektar darf bis zu 20 % Zucker zugesetzt werden. Für die Zubereitung von Gelees können Sie jeden im Handel erhältlichen Fruchtsaft oder Nektar verwenden. Sie können jedoch ein Gelee nicht ausschließlich aus Nektar herstellen. Verwenden Sie immer eine Kombination aus Fruchtsaft und Nektar. Hierbei sollte der verwendete Anteil Nektar ein Drittel der gesamten Saftmenge nicht übersteigen, da sonst das Gelee nicht fest werden könnte.

Lagerung von Konfitüren, Marmeladen und Gelees

Bewahren Sie Ihre Einmach-Schätze an einem kühlen und dunklen Ort auf. So sind sie u. a. vor Farbveränderungen geschützt und die Gelierung kann sich vollständig entfalten.
Bewahren Sie angebrochene Gläser am besten im Kühlschrank auf, da beim Entnehmen aus dem Glas die feste Struktur von Konfitüre, Marmelade oder Gelee beschädigt wird, sodass Fruchtsaft austreten kann. Bitte beachten Sie auch, dass sich die Haltbarkeit des Einmachguts durch fetthaltige Zutaten wie Nusskerne oder Kokosraspel, aber auch durch Gewürze und Kräuter verkürzt.

Register

Mit Früchten

Mit Gemüse

Mit Kräutern und Gewürzen

Mit Alkohol

Für Fragen, Vorschläge oder Anregungen stehen Ihnen der Verbraucherservice der Dr. Oetker Versuchsküche Telefon: 00800 71 72 73 74 Mo.–Fr. 8:00–18:00 Uhr, Sa. 9:00–15:00 Uhr (gebührenfrei in Deutschland) oder die Mitarbeiter des Dr. Oetker Verlages Telefon: +49 (0) 521 52 06 50 Mo.–Fr. 9:00–15:00 Uhr zur Verfügung.

Oder schreiben Sie uns:
Dr. Oetker Verlag KG, Am Bach 11, 33602 Bielefeld oder besuchen Sie uns im Internet unter www.oetker-verlag.de oder www.oetker.de.

Umwelthinweis Dieses Buch und der Einband wurden auf chlorfrei gebleichtem Papier gedruckt. Die Einschrumpffolie – zum Schutz vor Verschmutzung – ist aus umweltfreundlichem und recyclingfähigem PE-Material.

Redaktion Carola Reich, Annette Riesenberg

Innenfotos Thomas Diercks, Kai Boxhammer, Christiane Krüger, Hamburg (S. 5, 6, 12, 16, 17, 18, 22, 23, 27, 29, 31, 33, 36, 41–46, 49, 50, 52, 54, 68, 72, 79, 80, 82, 85, 86, 87, 89, 91, 93, 95, 97, 104, 106, 111, 114, 115, 118, 126, 129, 132, 134, 135, 136, 142–147, 152)
Ulli Hartmann, Halle/Westf. (S. 37)
Bela Hoche, Hamburg (S. 139)
Bernd Lippert (S. 19, 20, 21, 59, 70, 92, 107, 121, 123, 125, 127, 128, 138, 141)
Oetker Österreich (S. 8, 10, 13, 15, 32, 35, 38, 53, 55, 61, 63, 71, 75, 77, 78, 83, 90, 98, 109, 117, 124, 150, 151)
Christiane Pries, Borgholzhausen (S. 11, 69, 76, 100, 103, 116)
Axel Struwe, Bielefeld (S. 7, 14, 25, 26, 28, 34, 39, 40, 48, 51, 57, 60, 66, 67, 73, 74, 81, 88, 99, 108, 110, 113, 131, 133, 135, 137, 149)
Norbert Toelle, Bielefeld (S. 9, 24, 30, 56, 64, 84, 94, 120, 153–155)
Brigitte Wegner, Bielefeld (S. 101)
Bernd Wohlgemuth, Hamburg (S. 65, 148)

Rezeptentwicklung und -beratung Eike Upmeier-Lorenz, Hamburg

Nährwertberechnungen Nutri Service, Hennef

Lektorat no:vum, Susanne Noll, Leinfelden-Echterdingen

Wir danken für die freundliche Unterstützung Gläser und Flaschen, Berlin
Henkell & Co., Wiesbaden

Grafisches Konzept und Gestaltung MDH Haselhorst, Bielefeld
Titelgestaltung kontur:design GmbH, Bielefeld
Satz und Layout MDH Haselhorst, Bielefeld
Druck und Bindung Mohn media Mohndruck GmbH, Gütersloh

ISBN: 978-3-7670-0722-2